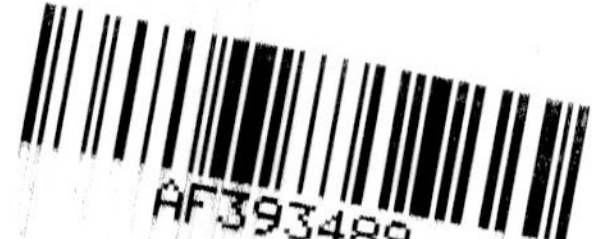

BRIAN GAGG

WORTSUCHRÄTSEL 3 in 1 SAMMELBAND

KRANKENPFLEGE, GLÜCK und BIBELVERSE

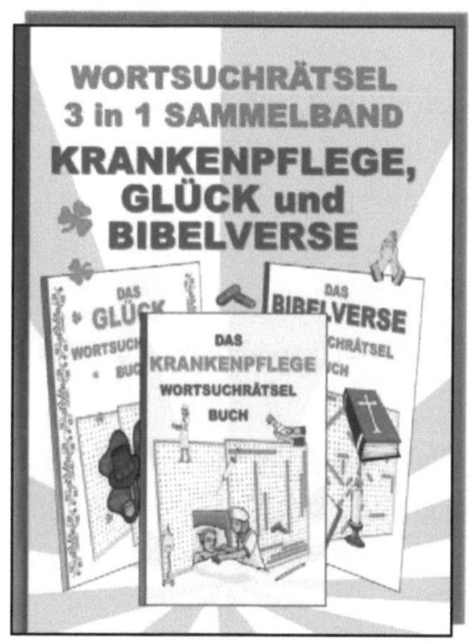

Bibliografische Information der Deutschen Nationalbibliothek:
Die Deutsche Nationalbibliothek verzeichnet diese Publikation in der Deutschen Nationalbibliografie; detaillierte bibliografische Daten sind im Internet über http://dnb.dnb.de abrufbar.

Herstellung und Verlag: BoD – Books on Demand, Norderstedt
ISBN: 9783754396568

Inhaltsangabe

Einleitung

Auf den folgenden Seiten finden sich thematisch sortierte Wortsuchrätsel.
Um ein Wortsuchrätsel zu lösen, müssen alle jeweils aufgelisteten Worte in der darüber befindlichen Buchstabenmatrix gefunden werden. Ist ein Wort gefunden, sollte es mit einem Stift umkreist und das gefundene Wort aus der Liste gestrichen werden. Sind alle Worte aus der Liste gefunden, ist das Rätsel gelöst. Bei Schwierigkeiten ein Rätsel zu lösen, kann die Lösung jeweils auf der Rückseite nachgeschaut werden bzw. für Buch 1 ab Seite 31. Die zu findenden Worte sind jeweils als ganzes (d.h. immer nur in einer Richtung und ungebrochen) in der Matrix nach folgenden Regeln versteckt:

- Suchworte können sich überlagern, d.h. ein Buchstabenkästchen kann von mehreren Suchworten genutzt sein.
- Worte können vorwärts, rückwärts, horizontal, vertikal oder diagonal in der Matrix versteckt sein.
- Suchworte stehen für sich alleine und sind unter- oder nebeneinander aufgelistet.

U M C X K Q A I X V K X H A M W G B A
E I G E N A N T E I L M V G W Z V J P
U H Q U L B T X L J L Y E I W B C R F
C L P O J T C B E S P U M W Q Z L G L
L V J V Y I S A T K M T K O G L X X E
W B X Z K E M X L R U S V H N I E N G
B H U F Y K J P P S B M Z L P Q H M E
H R J Q M H Y J X U B Y O F M V M E V
K C N F O C N F Q J O T R A J F A D E
S L W O E I B S M C V B W H A F A I R
P D W G P L X E M M P T G R W L L C T
D Q B D I S Q N Y F C N D T K Z T P R
Z P J L E S Y I O T C K H S W Y P R A
V J J E J E G O B G X K C P U K V O G
Z M J S N G V R U Q F R D F K J S O Q
O M S W L R L E V A E C I L M R M F D
W P Y C U E M N Y S F Q W E B W T V C
N N V R P V X K T T X L F G H V J I J
Y X M N E C K S O R X J P E N I U D Z
D P L V O F N H I M X C L N E X G H F
R W A L M A L T E S E R X U Y F V K L
R Z E W J U Q H C K G E N E I G Y H Z
L G Q U D S F A E S R U K E G E L F P
A V D C F P F N O T R U F G E R A E T

1

MEDICPROOF
MALTESER
SENIOREN
EIGENANTEIL
PFLEGEVERTRAG
NOTRUFGERAET
HYGIENE
WOHLFAHRTSPFLEGE
VERGESSLICHKEIT
PFLEGEKURSE

Lösung

U M C X K Q A I X V K X H A M W G B A

E I G E N A N T E I L M V G W Z V J P

U H Q U L B T X L J L Y E I W B C R F

C L P O J T C B E S P U M W Q Z L G L

L V J V Y I S A T K M T K O G L X X E

W B X Z K E M X L R U S V H N I E N G

B H U F Y K J P P S B M Z L P Q H M E

H R J Q M H Y J X U B Y O F M V M E V

K C N F O C N F Q J O T R A J F A D E

S L W O E I B S M C V B W H A F A I R

P D W G P L X E M M P T G R W L L C T

D Q B D I S Q N Y F C N D T K Z T P R

Z P J L E S Y I O T C K H S W Y P R A

V J J E J E G O B G X K C P U K V O G

Z M J S N G V R U Q F R D F K J S O Q

O M S W L R L E V A E C I L M R M F D

W P Y C U E M N Y S F Q W E B W T V C

N N V R P V X K T T X L F G H V J I J

Y X M N E C K S O R X J P E N I U D Z

D P L V O F N H I M X C L N E X G H F

R W A L M A L T E S E R X U Y F V K L

R Z E W J U Q H C K G E N E I G Y H Z

L G Q U D S F A E S R U K E G E L F P

A V D C F P F N O T R U F G E R A E T

X B U J A C P R X M I A D X J V K C R

R V S K G P U I G Q B T L X M G N G H

U P P Z V G T E W C A X A G Z A O O C

G L W Z L L W R N H H L B C K Z J X I

D M P G K H P F D R A Z P M A S A G L

Y Y M X P Y B M G D K L T J U V X E T

L P F G C O C E G K X G O X A T L S F

A G N Z J Y P J P O Y X W C A J S E A

H J V L M G L X P J F C X S M C I L H

H E I M A U F S I C H T L Q J I V L C

W F Z R M G Q K R A N K H E I T G S S

A P F A S E N I O R E N H I L F E C T

T A P F L E G E T A G E B U C H R H R

W J K Z R S Q H X G U F A I L P Z A I

U P S X G E R S A T Z P F L E G E F W

N O I T A T I L I B A H E R D N V T S

G U F V Q F B B W Q N B A P G F C V U

W Y R E U U H C Z C S I K H M W E K A

Y G A P P F L E G E H E I M X Z B F H

K X K G U S W X F O S W Q J D I K T X

I K D I D Y E E J Z Z P X T O H O X G

V T L U G W Y Y H S N S X L E J F Y E

L P E D O H F J O I B O I L K K B O C

T S C H L A G A N F A L L E I Z V O B

SENIORENHILFE

HEIMAUFSICHT

ALS KRANKHEIT

REHABILITATION

ERSATZPFLEGE

DGGPP GESELLSCHAFT

PFLEGEHEIM

SCHLAGANFALL

HAUSWIRTSCHAFTLICH

PFLEGETAGEBUCH

Lösung

X	B	U	J	A	C	P	R	X	M	I	A	D	X	J	V	K	C	R
R	V	S	K	G	P	U	I	G	Q	B	T	L	X	M	G	N	G	H
U	P	P	Z	V	G	T	E	W	C	A	X	A	G	Z	A	O	O	C
G	L	W	Z	L	L	W	R	N	H	H	L	B	C	K	Z	J	X	I
D	M	P	G	K	H	P	F	D	R	A	Z	P	M	A	S	A	G	L
Y	Y	M	X	P	Y	B	M	G	D	K	L	T	J	U	V	X	E	T
L	P	F	G	C	O	C	E	G	K	X	G	O	X	A	T	L	S	F
A	G	N	Z	J	Y	P	J	P	O	Y	X	W	C	A	J	S	E	A
H	J	V	L	M	G	L	X	P	J	F	C	X	S	M	C	I	L	H
H	E	I	M	A	U	F	S	I	C	H	T	L	Q	J	I	V	L	C
W	F	Z	R	M	G	Q	K	R	A	N	K	H	E	I	T	G	S	S
A	P	F	A	S	E	N	I	O	R	E	N	H	I	L	F	E	C	T
T	A	P	F	L	E	G	E	T	A	G	E	B	U	C	H	R	H	R
W	J	K	Z	R	S	Q	H	X	G	U	F	A	I	L	P	Z	A	I
U	P	S	X	G	E	R	S	A	T	Z	P	F	L	E	G	E	F	W
N	O	I	T	A	T	I	L	I	B	A	H	E	R	D	N	V	T	S
G	U	F	V	Q	F	B	B	W	Q	N	B	A	P	G	F	C	V	U
W	Y	R	E	U	U	H	C	Z	C	S	I	K	H	M	W	E	K	A
Y	G	A	P	P	F	L	E	G	E	H	E	I	M	X	Z	B	F	H
K	X	K	G	U	S	W	X	F	O	S	W	Q	J	D	I	K	T	X
I	K	D	I	D	Y	E	E	J	Z	Z	P	X	T	O	H	O	X	G
V	T	L	U	G	W	Y	Y	H	S	N	S	X	L	E	J	F	Y	E
L	P	E	D	O	H	F	J	O	I	B	O	I	L	K	K	B	O	C
T	S	C	H	L	A	G	A	N	F	A	L	L	E	I	Z	V	O	B

T	D	V	Z	R	E	F	L	E	H	E	G	E	L	F	P	E	R	R
I	U	M	V	S	T	J	L	K	K	M	V	O	N	B	A	W	X	D
E	S	U	T	I	B	U	K	E	D	V	S	W	M	E	L	G	M	Z
K	W	Q	A	N	K	G	T	N	W	P	N	F	H	T	T	M	D	W
G	Y	K	F	D	R	P	D	A	B	N	G	V	A	R	E	B	E	E
I	E	W	A	D	Q	D	Z	N	W	V	U	N	F	E	N	R	M	R
T	Q	Q	Y	N	F	B	C	R	H	J	X	S	H	U	P	E	O	D
F	E	L	E	T	T	I	M	S	F	L	I	H	V	U	F	N	G	C
R	X	J	C	C	G	F	C	O	I	I	N	X	E	N	L	I	R	E
E	D	P	I	A	F	G	Q	Y	L	V	S	A	R	G	E	E	A	E
U	A	A	H	J	X	T	H	O	A	H	E	R	S	S	G	T	P	S
D	H	Z	L	O	T	O	E	U	L	K	V	T	I	V	E	S	H	U
E	B	C	V	G	Y	W	O	F	L	N	J	E	C	E	G	N	I	R
B	K	P	V	K	P	V	B	F	O	N	I	J	H	R	E	E	E	I
B	P	P	J	R	G	K	L	L	Y	I	G	J	E	E	S	R	S	N
E	R	V	F	Z	G	I	C	Z	J	H	T	V	R	I	E	E	V	H
X	N	L	L	J	Q	O	W	F	M	U	E	O	U	N	T	I	G	Z
G	S	Z	F	U	A	B	Z	Y	S	B	K	B	N	W	Z	N	V	I
C	R	G	I	E	C	Q	M	F	K	L	F	C	G	Q	T	F	B	J
C	J	D	M	W	O	T	P	T	D	L	I	B	J	U	E	A	Z	G
N	M	M	H	F	Z	K	Q	R	K	K	X	T	K	K	X	Q	T	E
N	L	M	U	N	N	P	P	T	J	N	U	N	U	R	X	P	L	Y
X	T	H	U	Y	I	E	F	Z	C	J	K	I	J	V	Y	E	R	F
R	I	T	E	E	X	G	O	K	E	E	P	V	M	J	F	J	J	S

VERSICHERUNG
ALTENPFLEGEGESETZ
NIERENSTEINE
PFLEGEHELFER
DEMOGRAPHIE

DEKUBITUS
BEDUERFTIGKEIT
REHA
BETREUUNGSVEREIN
HILFSMITTEL

Lösung

T D V Z R E F L E H E G E L F P E R R

I U M V S T J L K K M V O N B A W X D

E S U T I B U K E D V S W M E L G M Z

K W Q A N K G T N W P N F H T T M D W

G Y K F D R P D A B N G V A R E B E E

I E W A D Q D Z N W V U N F E N R M R

T Q Q Y N F B C R H J X S H U P E O D

F E L E T T I M S F L I H V U F N G C

R X J C C G F C O I I N X E N L I R E

E D P I A F G Q Y L V S A R G E E A E

U A A H J X T H O A H E R S S G T P S

D H Z L O T O E U L K V T I V E S H U

E B C V G Y W O F L N J E C E G N I R

B K P V K P V B F O N I J H R E E E I

B P P J R G K L L Y I G J E E S R S N

E R V F Z G I C Z J H T V R I E E V H

X N L L J Q O W F M U E O U N T I G Z

G S Z F U A B Z Y S B K B N W Z N V I

C R G I E C Q M F K L F C G Q T F B J

C J D M W O T P T D L I B J U E A Z G

N M M H F Z K Q R K K X T K K X Q T E

N L M U N N P P T J N U N U R X P L Y

X T H U Y I E F Z C J K I J V Y E R F

R I T E E X G O K E E P V M J F J J S

M	Q	G	E	I	C	K	R	K	W	H	N	A	O	Z	E	T	Q	F
I	W	I	D	V	S	L	A	G	O	T	K	W	X	T	C	Z	P	K
E	X	Z	F	B	G	V	G	G	U	R	D	X	G	C	U	C	Z	F
H	Z	Q	T	H	R	I	I	S	B	H	M	A	D	D	L	I	Z	Y
N	H	G	B	W	H	O	R	G	M	A	Y	K	E	I	Z	W	G	K
H	A	W	Q	S	Q	J	F	G	Q	F	E	E	S	O	C	V	I	V
O	U	R	Q	R	B	D	R	N	Y	L	F	T	X	C	P	O	A	P
W	S	M	N	I	B	B	I	A	I	H	L	Z	U	K	O	E	X	F
N	N	B	L	J	O	I	T	E	T	O	I	Y	X	L	C	Q	N	L
E	O	I	A	M	M	X	L	G	O	W	H	J	K	D	F	O	U	E
R	T	P	E	L	Q	P	W	E	U	R	I	T	V	L	K	S	H	G
O	R	V	Q	E	K	C	R	L	O	E	E	S	F	P	I	G	X	E
I	U	H	H	A	H	H	B	F	L	T	B	N	C	C	T	Q	C	E
N	F	Y	R	Y	E	X	I	P	A	I	Z	E	P	Y	D	M	V	I
E	K	U	Z	H	S	G	O	D	L	E	N	I	B	M	Y	Z	E	N
S	Q	I	R	T	Y	N	T	N	T	B	A	D	Q	W	K	L	B	R
F	L	R	S	I	T	U	W	U	E	R	N	Q	Y	Q	I	F	S	I
Q	K	F	Y	E	A	G	D	R	N	A	I	X	Y	B	F	V	J	C
X	Z	O	V	H	K	E	N	G	P	A	F	A	O	C	G	A	W	H
Y	Z	I	J	K	M	U	A	M	F	Q	P	M	Q	V	L	V	A	T
Z	X	I	A	N	O	F	Q	C	L	L	Q	Q	M	V	E	H	I	U
A	W	Q	N	A	R	R	H	X	E	S	K	B	Q	U	D	U	U	N
F	H	M	J	R	P	E	G	I	G	L	E	L	X	U	I	H	D	G
Z	W	N	N	K	U	V	O	W	E	L	D	C	R	R	I	Z	L	X

MOBILE ALTENPFLEGE
VERFUEGUNG
PFLEGEEINRICHTUNG
SENIORENWOHNHEIM
MDK DIENST

HAUSNOTRUF
GRUNDPFLEGE
ARBEITERWOHLFAHRT
FINANZBEIHILFE
PEG KRANKHEIT

Lösung

M Q G E I C K R K W H N A O Z E T Q F
I W I D V S L A G O T K W X T C Z P K
E X Z F B G V G G U R D X G C U C Z F
H Z Q T H R I I S B H M A D D L I Z Y
N H G B W H O R G M A Y K E I Z W G K
H A W Q S Q J F G Q F E E S O C V I V
O U R Q R B D R N Y L F T X C P O A P
W S M N I B B I A I H L Z U K O E X F
N N B L J O I T E T O I Y X L C Q N L
E O I A M M X L G O W H J K D F O U E
R T P E L Q P W E U R I T V L K S H G
O R V Q E K C R L O E E S F P I G X E
I U H H A H H B F L T B N C C T Q C E
N F Y R Y E X I P A I Z E P Y D M V I
E K U Z H S G O D L E N I B M Y Z E N
S Q I R T Y N T N T B A D Q W K L B R
F L R S I T U W U E R N Q Y Q I F S I
Q K F Y E A G D R N A I X Y B F V J C
X Z O V H K E N G P A F A O C G A W H
Y Z I J K M U A M F Q P M Q V L V A T
Z X I A N O F Q C L L Q Q M V E H I U
A W Q N A R R H X E S K B Q U D U U N
F H M J R P E G I G L E L X U I H D G
Z W N N K U V O W E L D C R R I Z L X

P	A	B	O	A	K	R	F	A	D	Z	D	U	V	B	P	A	R	G
L	V	T	Z	P	Q	Z	S	P	B	G	B	C	Z	X	F	L	I	Z
M	Q	R	J	O	H	I	M	F	S	P	J	O	V	F	L	L	G	N
O	S	E	R	T	F	R	D	L	S	N	V	L	P	L	E	T	F	X
B	K	S	G	B	E	X	C	E	G	C	G	T	D	W	G	A	E	Z
J	J	S	P	E	S	J	H	G	H	A	N	L	I	R	E	G	G	B
B	D	F	D	I	L	N	J	E	X	Z	U	U	E	L	R	S	E	H
Y	S	W	X	S	L	F	H	S	V	C	T	K	R	H	O	K	L	L
K	T	B	O	O	I	K	P	T	P	S	A	I	F	B	B	O	F	N
U	A	Y	I	F	E	I	S	A	T	U	R	C	E	N	O	M	P	S
R	T	J	B	J	V	K	P	N	I	B	E	O	R	L	T	P	S	C
Z	I	J	X	W	O	N	U	D	G	T	B	A	E	W	E	E	N	O
Z	O	N	G	X	H	U	L	A	T	Z	E	N	I	G	R	T	O	S
E	N	S	S	T	V	S	A	R	F	P	G	J	R	S	E	E	I	J
I	A	R	B	R	F	J	D	D	I	E	E	P	R	O	Y	N	T	H
T	E	L	W	T	F	U	O	S	L	S	L	B	A	Z	P	Z	K	Q
P	R	S	U	K	E	T	A	T	N	Q	F	E	B	G	O	Q	N	B
F	E	Z	Y	M	O	J	G	N	E	B	P	E	L	H	K	G	U	S
L	E	U	A	H	Z	J	Z	X	P	T	X	A	Z	I	N	Y	F	X
E	G	H	E	K	Z	Z	K	H	P	X	B	G	T	E	C	K	V	T
G	A	O	M	M	Y	C	E	G	E	L	F	P	N	E	T	L	A	U
E	G	X	K	J	I	Z	I	Q	R	B	V	J	W	O	G	P	J	G
R	I	A	G	E	T	T	F	B	T	S	D	S	N	O	X	Q	L	X
F	Y	Y	K	E	R	F	Z	N	G	S	Z	O	S	E	G	S	B	N

5

TREPPENLIFT
PFLEGEBERATUNG
KURZZEITPFLEGE
BARRIEREFREI
ALLTAGSKOMPETENZ
ALTENPFLEGE
FUNKTIONSPFLEGE
STATIONAERE PFLEGE
PFLEGESTANDARDS
PFLEGEROBOTER

Lösung

P	A	B	O	A	K	R	F	A	D	Z	D	U	V	B	P	A	R	G
L	V	T	Z	P	Q	Z	S	P	B	G	B	C	Z	X	F	L	I	Z
M	Q	R	J	O	H	I	M	F	S	P	J	O	V	F	L	L	G	N
O	S	E	R	T	F	R	D	L	S	N	V	L	P	L	E	T	F	X
B	K	S	G	B	E	X	C	E	G	C	G	T	D	W	G	A	E	Z
J	J	S	P	E	S	J	H	G	H	A	N	L	I	R	E	G	G	B
B	D	F	D	I	L	N	J	E	X	Z	U	U	E	L	R	S	E	H
Y	S	W	X	S	L	F	H	S	V	C	T	K	R	H	O	K	L	L
K	T	B	O	O	I	K	P	T	P	S	A	I	F	B	B	O	F	N
U	A	Y	I	F	E	I	S	A	T	U	R	C	E	N	O	M	P	S
R	T	J	B	J	V	K	P	N	I	B	E	O	R	L	T	P	S	C
Z	I	J	X	W	O	N	U	D	G	T	B	A	E	W	E	E	N	O
Z	O	N	G	X	H	U	L	A	T	Z	E	N	I	G	R	T	O	S
E	N	S	S	T	V	S	A	R	F	P	G	J	R	S	E	E	I	J
I	A	R	B	R	F	J	D	D	I	E	E	P	R	O	Y	N	T	H
T	E	L	W	T	F	U	O	S	L	S	L	B	A	Z	P	Z	K	Q
P	R	S	U	K	E	T	A	T	N	Q	F	E	B	G	O	Q	N	B
F	E	Z	Y	M	O	J	G	N	E	B	P	E	L	H	K	G	U	S
L	E	U	A	H	Z	J	Z	X	P	T	X	A	Z	I	N	Y	F	X
E	G	H	E	K	Z	Z	K	H	P	X	B	G	T	E	C	K	V	T
G	A	O	M	M	Y	C	E	G	E	L	F	P	N	E	T	L	A	U
E	G	X	K	J	I	Z	I	Q	R	B	V	J	W	O	G	P	J	G
R	I	A	G	E	T	T	F	B	T	S	D	S	N	O	X	Q	L	X
F	Y	Y	K	E	R	F	Z	N	G	S	Z	O	S	E	G	S	B	N

R	A	K	S	E	N	I	O	R	E	N	S	T	I	F	T	V	R	N
E	N	O	O	A	N	S	F	B	E	T	R	E	U	U	N	G	D	V
Y	G	B	I	R	E	T	P	G	X	Y	T	X	G	N	J	Y	C	J
C	E	V	U	J	S	S	S	W	B	Z	U	Q	U	A	A	M	L	Y
N	H	Y	C	Q	B	A	Z	X	A	L	E	A	V	W	N	E	S	F
D	O	M	M	C	U	X	K	B	J	P	C	Y	F	M	K	S	O	V
J	E	W	H	V	T	T	B	O	X	U	I	T	L	S	L	O	Z	Y
E	R	R	D	U	R	Q	P	H	W	A	F	R	R	D	E	R	I	Q
Z	I	K	O	U	B	Z	W	S	B	A	U	S	I	N	I	E	A	X
U	G	E	L	P	I	T	L	U	M	P	K	M	I	E	D	L	L	Y
I	E	N	B	X	W	G	K	Q	U	Z	Q	R	Z	R	E	K	E	F
T	H	P	K	G	C	G	E	Y	M	Y	B	Q	C	E	N	S	D	Q
C	K	F	N	O	W	J	B	R	A	X	J	T	W	I	V	S	I	K
S	K	I	B	E	V	N	W	Y	I	J	R	B	D	V	N	T	E	A
I	L	U	T	N	U	C	E	Q	A	A	X	F	Z	I	X	Q	N	C
H	O	O	A	I	S	K	I	R	T	U	T	D	A	T	Y	C	S	K
J	Z	M	R	T	F	V	T	Q	O	H	S	R	X	K	V	R	T	M
N	M	E	E	D	K	C	N	Q	Z	I	Y	I	I	A	U	A	E	K
J	O	U	C	Q	X	Y	Q	S	X	D	N	G	G	E	Z	B	C	O
L	F	P	N	U	A	T	H	V	U	T	D	E	N	V	G	R	E	P
H	L	M	J	I	C	J	W	K	E	W	R	B	S	N	E	H	D	C
E	P	E	M	F	O	C	C	M	S	M	O	Q	H	E	E	J	J	W
M	Z	W	L	L	D	S	F	J	H	J	M	T	R	Z	T	X	E	L
N	N	Y	B	G	U	L	Y	U	I	M	J	L	Y	E	Z	I	E	K

SENIORENSTIFT
ANGEHOERIGE
GERIATRIE
ANKLEIDEN
KORSAKOW SYNDROM

MULTIPLE SKLEROSE
SENIORENWG
AKTIVIEREND
SOZIALEDIENSTE
BETREUUNG

Lösung

R A K S E N I O R E N S T I F T V R N
E N O O A N S F B E T R E U U N G D V
Y G B I R E T P G X Y T X G N J Y C J
C E V U J S S S W B Z U Q U A A M L Y
N H Y C Q B A Z X A L E A V W N E S F
D O M M C U X K B J P C Y F M K S O V
J E W H V T T B O X U I T L S L O Z Y
E R R D U R Q P H W A F R R D E R I Q
Z I K O U B Z W S B A U S I N I E A X
U G E L P I T L U M P K M I E D L L Y
I E N B X W G K Q U Z Q R Z R E K E F
T H P K G C G E Y M Y B Q C E N S D Q
C K F N O W J B R A X J T W I V S I K
S K I B E V N W Y I J R B D V N T E A
I L U T N U C E Q A A X F Z I X Q N C
H O O A I S K I R T U T D A T Y C S K
J Z M R T F V T Q O H S R X K V R T M
N M E E D K C N Q Z I Y I I A U A E K
J O U C Q X Y Q S X D N G G E Z B C O
L F P N U A T H V U T D E N V G R E P
H L M J I C J W K E W R B S N E H D C
E P E M F O C C M S M O Q H E E J J W
M Z W L L D S F J H J M T R Z T X E L
N N Y B G U L Y U I M J L Y E Z I E K

L	W	U	K	Z	J	W	X	D	Y	F	Q	F	P	P	K	B	X	S
Q	Z	N	V	S	R	I	D	T	K	W	E	G	E	D	U	C	S	Q
A	H	D	Q	A	T	N	T	A	P	S	T	A	F	W	C	S	P	T
T	O	Z	K	P	N	C	K	H	E	D	Q	Y	L	W	R	H	G	Z
Q	X	M	P	F	L	E	G	E	K	U	R	S	I	H	Q	L	Y	V
Q	L	S	Q	M	W	A	L	C	P	Q	M	G	H	Y	T	U	P	J
O	L	T	M	I	H	Z	U	S	L	X	F	P	N	A	S	J	Z	B
V	B	E	K	X	W	G	Q	P	R	V	C	O	E	P	G	S	Z	U
O	V	B	J	E	C	E	E	D	T	N	G	X	T	O	H	K	H	E
E	G	E	L	F	P	S	G	U	Z	E	B	I	R	X	C	I	L	I
T	I	E	K	G	I	T	H	C	I	S	S	R	E	T	L	A	P	G
N	E	T	S	O	K	E	G	E	L	F	P	G	D	D	Z	H	F	O
C	S	P	F	L	E	G	E	P	L	A	T	Z	N	K	N	V	L	L
N	V	C	D	T	V	V	S	Y	W	P	Z	X	I	H	R	I	E	O
U	A	G	V	M	I	K	K	B	B	N	P	C	H	F	F	H	G	T
N	H	U	E	G	U	X	T	E	E	P	M	F	E	K	A	G	E	N
B	Y	R	I	A	V	O	H	M	G	R	E	F	B	K	O	O	D	O
L	X	R	L	B	J	K	L	A	C	V	K	Y	Q	U	K	D	O	R
O	H	T	G	P	V	K	O	Z	I	P	D	M	K	W	E	O	K	E
C	N	F	G	H	O	S	P	I	Z	P	R	L	R	K	M	Q	U	G
D	B	E	J	X	H	E	I	C	N	V	P	L	W	A	Y	T	X	P
R	K	H	U	K	Q	J	Y	Z	X	U	L	S	B	T	D	U	K	R
R	A	Q	F	Q	P	Y	T	Y	K	S	M	R	W	H	T	I	O	J
X	F	T	Y	U	M	O	K	O	T	C	U	V	O	N	M	M	Q	F

7

PFLEGEKOSTEN
GERONTOLOGIE
DARMKREBS
HOSPIZ
ALTERSSICHTIGKEIT

BEZUGSPFLEGE
BEHINDERTENHILFE
PFLEGEPLATZ
PFLEGEDOKU
PFLEGEKURS

Lösung

L W U K Z J W X D Y F Q F P P K B X S
Q Z N V S R I D T K W E G E D U C S Q
A H D Q A T N T A P S T A F W C S P T
T O Z K P N C K H E D Q Y L W R H G Z
Q X M P F L E G E K U R S I H Q L Y V
Q L S Q M W A L C P Q M G H Y T U P J
O L T M I H Z U S L X F P N A S J Z B
V B E K X W G Q P R V C O E P G S Z U
O V B J E C E E D T N G X T O H K H E
E G E L F P S G U Z E B I R X C I L I
T I E K G I T H C I S S R E T L A P G
N E T S O K E G E L F P G D D Z H F O
C S P F L E G E P L A T Z N K N V L L
N V C D T V V S Y W P Z X I H R I E O
U A G V M I K K B B N P C H F F H G T
N H U E G U X T E E P M F E K A G E N
B Y R I A V O H M G R E F B K O O D O
L X R L B J K L A C V K Y Q U K D O R
O H T G P V K O Z I P D M K W E O K E
C N F G H O S P I Z P R L R K M Q U G
D B E J X H E I C N V P L W A Y T X P
R K H U K Q J Y Z X U L S B T D U K R
R A Q F Q P Y T Y K S M R W H T I O J
X F T Y U M O K O T C U V O N M M Q F

O	R	D	C	B	B	K	T	A	J	V	F	Q	M	R	A	F	K	X
T	N	P	W	A	S	A	C	H	L	E	I	S	T	U	N	G	G	G
J	O	Y	L	X	L	T	V	G	P	V	G	X	R	W	B	M	K	W
N	I	B	E	K	R	E	F	M	Z	O	I	X	F	I	N	R	C	I
I	T	M	J	G	M	D	E	W	V	U	S	I	G	K	S	Z	M	V
W	A	H	C	X	E	X	K	N	Z	O	Z	E	T	G	A	Y	R	A
P	T	L	G	O	Y	L	T	Z	S	W	K	N	L	V	C	N	E	Y
K	S	F	J	N	A	G	F	I	K	J	A	G	F	W	X	F	W	G
F	L	M	E	U	U	A	F	P	M	L	S	C	I	B	R	O	E	U
J	A	L	M	L	L	U	W	P	U	S	S	S	M	N	U	Y	Y	T
S	I	N	C	Y	Y	Q	E	B	N	R	C	W	V	Z	Q	N	B	A
E	Z	G	U	D	C	B	M	R	M	L	P	E	F	V	Y	M	I	C
N	O	Z	E	Y	I	A	O	N	T	G	J	F	V	O	V	I	T	H
I	S	F	J	Z	Y	P	A	Q	Z	E	B	B	D	V	F	E	H	T
O	Y	N	H	R	F	Z	I	F	C	E	B	E	O	X	G	E	P	E
R	M	J	A	E	Y	C	J	W	F	A	F	D	W	O	E	F	F	N
E	F	S	B	G	Z	S	I	L	T	I	S	N	B	R	N	C	A	O
N	R	S	V	E	Z	E	I	N	X	Z	J	G	M	I	G	Q	M	L
T	L	U	P	A	E	H	R	E	G	E	L	F	P	N	E	T	L	A
R	I	Q	G	R	C	O	X	T	S	V	G	C	Y	Z	T	P	H	H
E	W	X	C	T	Y	H	S	Y	L	S	X	Z	K	D	K	N	Q	E
F	L	Y	N	G	M	Q	Y	M	W	X	J	U	I	P	U	O	N	L
F	H	C	L	C	L	C	L	J	T	F	J	R	Z	P	O	K	M	D
P	F	L	E	G	E	D	I	E	N	S	T	O	F	G	E	F	X	A

AMBULANT
ALTENPFLEGER
HILFE ZUR PFLEGE
TRAEGER
BETREUUNG

SENIORENTREFF
PFLEGEDIENST
SOZIALSTATION
GUTACHTEN
SACHLEISTUNG

Lösung

O	R	D	C	B	B	K	T	A	J	V	F	Q	M	R	A	F	K	X
T	N	P	W	A	S	A	C	H	L	E	I	S	T	U	N	G	G	G
J	O	Y	L	X	L	T	V	G	P	V	G	X	R	W	B	M	K	W
N	I	B	E	K	R	E	F	M	Z	O	I	X	F	I	N	R	C	I
I	T	M	J	G	M	D	E	W	V	U	S	I	G	K	S	Z	M	V
W	A	H	C	X	E	X	K	N	Z	O	Z	E	T	G	A	Y	R	A
P	T	L	G	O	Y	L	T	Z	S	W	K	N	L	V	C	N	E	Y
K	S	F	J	N	A	G	F	I	K	J	A	G	F	W	X	F	W	G
F	L	M	E	U	U	A	F	P	M	L	S	C	I	B	R	O	E	U
J	A	L	M	L	L	U	W	P	U	S	S	S	M	N	U	Y	Y	T
S	I	N	C	Y	Y	Q	E	B	N	R	C	W	V	Z	Q	N	B	A
E	Z	G	U	D	C	B	M	R	M	L	P	E	F	V	Y	M	I	C
N	O	Z	E	Y	I	A	O	N	T	G	J	F	V	O	V	I	T	H
I	S	F	J	Z	Y	P	A	Q	Z	E	B	B	D	V	F	E	H	T
O	Y	N	H	R	F	Z	I	F	C	E	B	E	O	X	G	E	P	E
R	M	J	A	E	Y	C	J	W	F	A	F	D	W	O	E	F	F	N
E	F	S	B	G	Z	S	I	L	T	I	S	N	B	R	N	C	A	O
N	R	S	V	E	Z	E	I	N	X	Z	J	G	M	I	G	Q	M	L
T	L	U	P	A	E	H	R	E	G	E	L	F	P	N	E	T	L	A
R	I	Q	G	R	C	O	X	T	S	V	G	C	Y	Z	T	P	H	H
E	W	X	C	T	Y	H	S	Y	L	S	X	Z	K	D	K	N	Q	E
F	L	Y	N	G	M	Q	Y	M	W	X	J	U	I	P	U	O	N	L
F	H	C	L	C	L	C	L	J	T	F	J	R	Z	P	O	K	M	D
P	F	L	E	G	E	D	I	E	N	S	T	O	F	G	E	F	X	A

V K Z M T D J U Z K Q J F L P G K N J

T J E O N S G S L L P E K F G C I U R

E S O R E L K S O I R E T R A D N P J

E M B A B I E X G E H G B Z H S I E X

D O Y P P Z U W H F H G Q P J X L X C

D O H Z F H I I N Z W W J A U E K J X

E I E H A M V R H A I S I Y P Q S J W

Y D F P O Q N P D T V S Z Q J A E L O

Y B Q F O J S P F X J O F T E W G H H

E T T E A T S S E G A T T U Y I A C L

D D L Z I F X V A B H Q F X T E T U F

A O K Q B H U D U P P O N L C E T R A

R B M B G O A T Z P A L A H H G R P H

G T E A T I D I B R O M I T L U M S R

E K C H X E F R I J A X H E A U F N T

G R O B U X I Z F I B L E T S L S A X

E H C R N M D K U V S E M B S O Q E S

L V N O Y R D R X J W Y O W Y I Z G Y

F H G A J T Q U S L A U W E F B Y E E

P A M B U L A N T P F L E G E X N L Z

F A V W H Y D P Z K J Q H C J L W F I

X B E S U C H S D I E N S T G F W P Y

H V K O H V P V V Z L O O K E O X Q X

P I Q J A L E S E I N O K A I D Z L A

BESUCHSDIENST

AMBULANTPFLEGE

PFLEGEANSPRUCH

TAGESSTAETTE

DIAKONIE

PFLEGEGRAD

TAGESKLINIK

ARTERIOSKLEROSE

WOHLFAHRT

MULTIMORBIDITAET

Lösung

V K Z M T D J U Z K Q J F L P G K N J
T J E O N S G S L L P E K F G C I U R
E S O R E L K S O I R E T R A D N P J
E M B A B I E X G E H G B Z H S I E X
D O Y P P Z U W H F H G Q P J X L X C
D O H Z F H I I N Z W W J A U E K J X
E I E H A M V R H A I S I Y P Q S J W
Y D F P O Q N P D T V S Z Q J A E L O
Y B Q F O J S P F X J O F T E W G H H
E T T E A T S S E G A T T U Y I A C L
D D L Z I F X V A B H Q F X T E T U F
A O K Q B H U D U P P O N L C E T R A
R B M B G O A T Z P A L A H H G R P H
G T E A T I D I B R O M I T L U M S R
E K C H X E F R I J A X H E A U F N T
G R O B U X I Z F I B L E T S L S A X
E H C R N M D K U V S E M B S O Q E S
L V N O Y R D R X J W Y O W Y I Z G Y
F H G A J T Q U S L A U W E F B Y E E
P A M B U L A N T P F L E G E X N L Z
F A V W H Y D P Z K J Q H C J L W F I
X B E S U C H S D I E N S T G F W P Y
H V K O H V P V V Z L O O K E O X Q X
P I Q J A L E S E I N O K A I D Z L A

T	M	Q	B	R	Q	P	T	Q	F	F	L	L	H	G	C	J	W	S
I	Y	R	E	A	N	O	I	T	A	T	S	S	I	R	H	G	Z	O
E	C	P	B	F	T	I	B	Q	M	K	W	D	H	H	X	V	U	C
Z	I	M	O	B	I	L	I	S	A	T	I	O	N	B	T	Y	B	A
E	I	L	Y	S	R	H	P	K	A	W	A	I	B	E	A	Z	G	L
G	N	T	X	H	W	G	R	D	M	K	L	I	U	A	G	C	C	Z
E	U	W	Z	V	E	R	N	N	X	K	T	Z	B	T	E	W	N	H
L	X	F	X	L	A	A	P	I	S	U	E	Q	J	M	S	T	O	E
F	O	J	O	E	Q	P	L	J	E	V	N	I	S	U	P	Z	F	I
P	T	K	X	U	Z	S	H	T	K	K	H	Y	T	N	F	Z	S	M
N	W	K	A	R	L	O	W	Z	H	E	E	T	T	G	L	F	Q	E
E	G	X	Y	C	M	A	V	I	Q	F	I	E	N	S	E	D	T	R
I	O	P	N	E	Y	Z	M	X	W	Q	M	N	S	P	G	C	N	D
L	S	F	J	L	G	N	V	V	E	X	K	T	D	F	E	P	L	H
I	T	L	X	E	P	G	N	R	M	S	X	I	K	L	R	C	J	Q
M	E	E	G	C	R	P	R	O	X	T	C	J	K	E	E	H	S	O
A	O	G	O	T	N	V	Q	J	N	F	B	J	L	G	M	O	Y	R
F	P	E	H	R	J	I	T	S	H	N	C	W	R	E	Z	Z	Q	Z
E	O	B	F	O	I	W	C	M	W	X	T	H	A	P	A	N	T	U
W	R	E	O	N	Z	G	X	R	X	V	W	P	U	W	P	I	I	Y
N	O	R	A	I	U	W	Y	C	Y	H	G	F	N	V	H	O	R	T
N	S	U	H	C	Q	N	N	Y	T	A	D	A	V	P	L	A	P	Y
L	E	F	S	Y	F	Q	D	V	M	J	C	O	A	X	M	Z	Y	I
I	P	K	I	N	T	K	W	J	X	F	K	O	L	Q	U	O	C	W

10

ALTENHEIM
ALZHEIMER
BEATMUNGSPFLEGE
FAMILIENPFLEGEZEIT
STATIONAER
MOBILISATION
TAGESPFLEGE
ELECTRONIC HEALTH
OSTEOPOROSE
PFLEGEBERUF

Lösung

T	M	Q	B	R	Q	P	T	Q	F	F	L	L	H	G	C	J	W	S
I	Y	R	E	A	N	O	I	T	A	T	S	S	I	R	H	G	Z	O
E	C	P	B	F	T	I	B	Q	M	K	W	D	H	H	X	V	U	C
Z	I	M	O	B	I	L	I	S	A	T	I	O	N	B	T	Y	B	A
E	I	L	Y	S	R	H	P	K	A	W	A	I	B	E	A	Z	G	L
G	N	T	X	H	W	G	R	D	M	K	L	I	U	A	G	C	C	Z
E	U	W	Z	V	E	R	N	N	X	K	T	Z	B	T	E	W	N	H
L	X	F	X	L	A	A	P	I	S	U	E	Q	J	M	S	T	O	E
F	O	J	O	E	Q	P	L	J	E	V	N	I	S	U	P	Z	F	I
P	T	K	X	U	Z	S	H	T	K	K	H	Y	T	N	F	Z	S	M
N	W	K	A	R	L	O	W	Z	H	E	E	T	T	G	L	F	Q	E
E	G	X	Y	C	M	A	V	I	Q	F	I	E	N	S	E	D	T	R
I	O	P	N	E	Y	Z	M	X	W	Q	M	N	S	P	G	C	N	D
L	S	F	J	L	G	N	V	V	E	X	K	T	D	F	E	P	L	H
I	T	L	X	E	P	G	N	R	M	S	X	I	K	L	R	C	J	Q
M	E	E	G	C	R	P	R	O	X	T	C	J	K	E	E	H	S	O
A	O	G	O	T	N	V	Q	J	N	F	B	J	L	G	M	O	Y	R
F	P	E	H	R	J	I	T	S	H	N	C	W	R	E	Z	Z	Q	Z
E	O	B	F	O	I	W	C	M	W	X	T	H	A	P	A	N	T	U
W	R	E	O	N	Z	G	X	R	X	V	W	P	U	W	P	I	I	Y
N	O	R	A	I	U	W	Y	C	Y	H	G	F	N	V	H	O	R	T
N	S	U	H	C	Q	N	N	Y	T	A	D	A	V	P	L	A	P	Y
L	E	F	S	Y	F	Q	D	V	M	J	C	O	A	X	M	Z	Y	I
I	P	K	I	N	T	K	W	J	X	F	K	O	L	Q	U	O	C	W

T	Y	R	O	O	I	T	O	A	W	Q	X	E	Q	Z	B	N	E	L
H	B	N	O	J	G	P	A	V	N	S	Y	I	J	N	I	M	Q	B
C	E	F	L	I	H	E	B	R	E	T	S	V	B	L	P	W	B	X
A	T	Z	W	I	V	Z	J	A	Z	B	S	P	Y	I	E	H	A	O
M	R	F	Z	O	K	X	O	K	F	H	O	T	S	C	Z	B	N	J
L	O	O	I	T	V	Z	X	N	R	M	J	W	G	T	Z	H	A	A
L	J	J	P	E	P	B	I	F	I	W	M	S	N	K	G	B	L	S
O	Q	U	A	B	F	J	Y	G	I	Y	O	E	T	N	P	R	T	D
V	G	N	V	L	E	U	A	Y	X	C	B	I	T	T	H	N	E	U
L	K	T	I	L	T	D	Q	C	T	M	E	N	F	R	O	E	N	F
A	Y	F	M	R	F	W	C	O	K	U	T	O	A	Y	B	H	H	Q
R	L	B	E	V	F	U	P	C	I	X	R	T	L	G	N	E	I	Y
E	H	D	J	X	O	V	E	W	J	S	E	G	L	M	D	G	L	R
N	C	V	W	Q	U	J	J	W	U	G	U	N	M	D	K	T	F	T
E	H	I	W	Q	M	O	U	H	E	E	U	I	A	H	L	T	E	T
G	O	Y	Q	X	F	Y	N	R	M	I	N	T	N	G	E	E	S	P
T	R	W	Q	M	O	E	O	Y	J	S	G	N	A	F	M	B	W	T
Y	E	A	N	L	E	I	T	U	N	G	S	U	G	X	A	U	T	K
F	A	F	A	F	F	U	X	C	D	J	R	H	E	V	M	Z	U	K
E	T	N	E	M	A	K	I	D	E	M	E	O	R	T	X	J	T	C
B	D	S	L	G	P	X	L	H	J	X	C	C	M	M	Y	J	C	N
M	U	N	O	D	L	R	L	D	R	X	H	P	A	Z	W	G	H	O
W	F	L	X	Z	G	C	W	P	H	L	T	S	B	D	W	B	S	S
O	K	J	L	W	Z	S	U	E	A	U	E	E	X	F	E	Q	A	W

11

CHOREA HUNTINGTON
STERBEHILFE
FALLMANAGER
ZUBETTGEHEN
GENERALVOLLMACHT

ALT
ANLEITUNG
BETREUUNGSRECHT
MEDIKAMENTE
ALTENHILFE

Lösung

T Y R O O I T O A W Q X E Q Z B N E L

H B N O J G P A V N S Y I J N I M Q B

C E F L I H E B R E T S V B L P W B X

A T Z W I V Z J A Z B S P Y I E H A O

M R F Z O K X O K F H O T S C Z B N J

L O O I T V Z X N R M J W G T Z H A A

L J J P E P B I F I W M S N K G B L S

O Q U A B F J Y G I Y O E T N P R T D

V G N V L E U A Y X C B I T T H N E U

L K T I L T D Q C T M E N F R O E N F

A Y F M R F W C O K U T O A Y B H H Q

R L B E V F U P C I X R T L G N E I Y

E H D J X O V E W J S E G L M D G L R

N C V W Q U J J W U G U N M D K T F T

E H I W Q M O U H E E U I A H L T E T

G O Y Q X F Y N R M I N T N G E E S P

T R W Q M O E O Y J S G N A F M B W T

Y E A N L E I T U N G S U G X A U T K

F A F A F F U X C D J R H E V M Z U K

E T N E M A K I D E M E O R T X J T C

B D S L G P X L H J X C C M M Y J C N

M U N O D L R L D R X H P A Z W G H O

W F L X Z G C W P H L T S B D W B S S

O K J L W Z S U E A U E E X F E Q A W

O	K	L	R	S	G	F	X	A	R	K	Q	E	K	C	Q	P	Z	H
X	C	Z	S	J	C	W	B	W	M	J	E	G	J	J	U	Q	L	E
S	U	L	P	S	A	B	T	W	U	G	Z	J	M	F	N	C	S	W
H	J	O	Q	S	S	V	F	A	I	H	A	P	B	S	Z	M	E	K
N	I	Z	I	D	E	M	V	I	T	A	I	L	L	A	P	K	J	F
B	K	W	M	O	P	Y	R	R	V	V	Z	H	X	D	W	K	V	X
Z	I	W	V	J	X	Z	Z	B	Y	H	G	E	Q	J	A	O	D	X
L	B	C	X	K	J	W	S	F	Z	H	E	W	J	J	R	M	E	J
Y	Y	N	R	E	C	M	C	G	P	B	F	I	C	O	B	L	G	C
A	F	H	E	I	M	Y	Z	X	M	Z	N	U	C	H	Z	X	E	I
O	E	G	E	L	F	P	V	I	T	A	I	L	L	A	P	M	L	G
F	Z	W	Q	N	G	V	Y	J	K	U	Z	C	P	N	O	I	F	G
K	R	D	I	P	E	A	X	U	T	I	C	L	T	N	E	S	P	L
T	B	S	U	X	F	C	R	W	U	G	P	D	J	I	S	S	N	P
G	K	E	P	K	B	L	C	T	O	V	D	H	D	T	E	W	E	E
E	P	R	K	Y	T	K	E	Y	R	H	V	A	A	E	N	E	K	I
P	L	M	A	D	X	D	R	G	I	E	N	L	X	R	M	D	N	L
K	I	C	N	F	P	M	D	J	E	K	V	S	D	X	A	I	A	U
U	O	R	M	I	N	V	U	S	Z	B	I	M	T	V	N	Z	R	P
Z	D	R	Y	B	A	I	W	I	N	N	E	T	I	I	A	T	K	H
P	Y	P	T	W	W	M	Z	Y	K	D	Q	D	U	E	F	R	U	D
I	T	U	Y	X	J	J	D	R	V	Z	P	G	A	L	H	T	K	R
K	M	V	W	P	M	N	C	B	E	K	V	A	G	R	E	H	M	K
O	N	B	W	W	A	S	N	O	N	H	S	Y	D	S	F	I	K	C

12

HEIM
PFLEGEBEDARF
WOHNSTIFT
ANAMNESE
PALLIATIVPFLEGE
PALLIATIVMEDIZIN
KRANKENPFLEGE
HERZINFARKT
HEIMVERTRAG
JOHANNITER

Lösung

O K L R S G F X A R K Q E K C Q P Z H
X C Z S J C W B W M J E G J J U Q L E
S U L P S A B T W U G Z J M F N C S W
H J O Q S S V F A I H A P B S Z M E K
N I Z I D E M V I T A I L L A P K J F
B K W M O P Y R R V V Z H X D W K V X
Z I W V J X Z Z B Y H G E Q J A O D X
L B C X K J W S F Z H E W J J R M E J
Y Y N R E C M C G P B F I C O B L G C
A F H E I M Y Z X M Z N U C H Z X E I
O E G E L F P V I T A I L L A P M L G
F Z W Q N G V Y J K U Z C P N O I F G
K R D I P E A X U T I C L T N E S P L
T B S U X F C R W U G P D J I S S N P
G K E P K B L C T O V D H D T E W E E
E P R K Y T K E Y R H V A A E N E K I
P L M A D X D R G I E N L X R M D N L
K I C N F P M D J E K V S D X A I A U
U O R M I N V U S Z B I M T V N Z R P
Z D R Y B A I W I N N E T I I A T K H
P Y P T W W M Z Y K D Q D U E F R U D
I T U Y X J J D R V Z P G A L H T K R
K M V W P M N C B E K V A G R E H M K
O N B W W A S N O N H S Y D S F I K C

M	O	J	M	D	E	M	E	N	Z	Y	S	P	G	Y	C	W	T	D
N	L	U	S	Q	O	F	G	Q	K	S	Z	K	K	S	S	K	E	X
Z	N	E	D	I	S	E	R	S	R	E	T	L	A	E	J	Y	I	Q
A	H	W	K	P	G	W	R	V	B	Z	J	P	S	G	B	O	L	C
Y	X	M	D	E	M	E	N	Z	P	F	L	E	G	E	T	N	S	F
L	P	G	M	V	U	N	P	A	R	K	I	N	S	O	N	I	T	F
T	R	A	C	H	E	O	S	T	O	M	A	I	E	J	Q	N	A	D
O	R	B	T	U	T	M	M	E	L	W	Y	Y	V	E	N	T	T	Q
S	G	Q	M	A	E	T	S	I	L	K	C	E	H	C	D	B	I	T
J	W	L	U	I	T	Z	P	D	R	N	Z	H	F	U	E	L	O	X
U	V	U	O	W	O	B	F	L	O	S	L	A	F	U	L	U	N	I
W	L	N	O	I	T	A	T	S	Z	N	E	M	E	D	S	T	A	D
F	Z	X	V	O	P	T	A	U	P	H	X	P	G	P	D	H	E	O
X	W	P	C	V	T	P	J	J	E	L	K	S	R	R	W	O	R	J
X	B	L	H	R	Q	Z	Y	Z	E	I	F	D	S	K	T	C	X	L
B	J	S	N	X	J	M	G	N	U	R	E	I	X	I	F	H	T	P
K	N	R	S	D	R	V	P	D	C	A	O	U	W	M	U	D	J	C
T	Z	F	N	O	M	G	J	C	F	W	P	K	K	S	I	R	O	D
K	M	C	H	U	T	I	R	U	N	V	M	N	I	O	E	U	R	X
F	D	O	Y	T	B	Q	S	S	F	W	J	Y	G	X	U	C	K	G
C	O	C	N	P	Z	Y	S	F	L	F	S	Z	N	Q	H	K	V	O
U	X	P	G	K	L	T	J	T	I	I	A	B	P	J	U	K	D	V
C	P	D	J	T	E	K	Y	X	O	B	L	R	T	X	F	B	F	L
P	L	R	U	Q	V	T	A	M	R	Y	W	V	X	I	Z	Z	S	S

13

PARKINSON
CHECKLISTE
ALTERSRESIDENZ
DEMENZPFLEGE
TEILSTATIONAER

BLUTHOCHDRUCK
DEMENZSTATION
DEMENZ
TRACHEOSTOMA
FIXIERUNG

Lösung

M	O	J	M	D	E	M	E	N	Z	Y	S	P	G	Y	C	W	T	D
N	L	U	S	Q	O	F	G	Q	K	S	Z	K	K	S	S	K	E	X
Z	N	E	D	I	S	E	R	S	R	E	T	L	A	E	J	Y	I	Q
A	H	W	K	P	G	W	R	V	B	Z	J	P	S	G	B	O	L	C
Y	X	M	D	E	M	E	N	Z	P	F	L	E	G	E	T	N	S	F
L	P	G	M	V	U	N	P	A	R	K	I	N	S	O	N	I	T	F
T	R	A	C	H	E	O	S	T	O	M	A	I	E	J	Q	N	A	D
O	R	B	T	U	T	M	M	E	L	W	Y	Y	V	E	N	T	T	Q
S	G	Q	M	A	E	T	S	I	L	K	C	E	H	C	D	B	I	T
J	W	L	U	I	T	Z	P	D	R	N	Z	H	F	U	E	L	O	X
U	V	U	O	W	O	B	F	L	O	S	L	A	F	U	L	U	N	I
W	L	N	O	I	T	A	T	S	Z	N	E	M	E	D	S	T	A	D
F	Z	X	V	O	P	T	A	U	P	H	X	P	G	P	D	H	E	O
X	W	P	C	V	T	P	J	J	E	L	K	S	R	R	W	O	R	J
X	B	L	H	R	Q	Z	Y	Z	E	I	F	D	S	K	T	C	X	L
B	J	S	N	X	J	M	G	N	U	R	E	I	X	I	F	H	T	P
K	N	R	S	D	R	V	P	D	C	A	O	U	W	M	U	D	J	C
T	Z	F	N	O	M	G	J	C	F	W	P	K	K	S	I	R	O	D
K	M	C	H	U	T	I	R	U	N	V	M	N	I	O	E	U	R	X
F	D	O	Y	T	B	Q	S	S	F	W	J	Y	G	X	U	C	K	G
C	O	C	N	P	Z	Y	S	F	L	F	S	Z	N	Q	H	K	V	O
U	X	P	G	K	L	T	J	T	I	I	A	B	P	J	U	K	D	V
C	P	D	J	T	E	K	Y	X	O	B	L	R	T	X	F	B	F	L
P	L	R	U	Q	V	T	A	M	R	Y	W	V	X	I	Z	Z	S	S

M V U G L I Z W K E B S I E N M W B S
Q R O B R C Z X A F U H V I E Z J Y A
L V A H L U M X J B F Y Z M N T F X V
I H O M D D L E U X N E Q U H K C Q T
P T U A L P V D S W Y D X S O W E B Y
U E B J C F Z N X L P B T Z W V Y E R
B A R T H E L I S P A C B L L S P H B
Q T Y V S W W M U Z C N U N M A F L S
E I R P N I S C Q Z Z M V C I T T R F
F D I D D O A M O K H C A W E I D Z Z
E I A U K O P A T W K M Y F H R P J E
H B T H E I M P L A T Z K L E A O Q S
V R U P I R C A Q W E H B M G C D X S
F O W F G T C D W Q C W D C E F R R A
J M K F L A N G A N I A O E L D L X K
E O K W L E U L N Z V P W J F E B N E
D K E X T T B B W Y R S A O P W E H G
N B N S U S E V C S E R C I H V U H E
L J O L S L E L H F S I Z P S N A E L
C K K H P X D S J J K T G W D R E K F
M I E H N H O W N E T L A Z D W N N P
E N L Z W B E T R E U T E B W O U W H
L M F M R B K R D U Y I E O Q B E I U
D D U O P H Y C N G S N O T D G F M W

HEIMPLATZ
KOSTEN PFLEGEHEIM
KOMORBIDITAET
ALTENWOHNHEIM
PFLEGEKASSE

SERVICE WOHNEN
WACHKOMA
CARITAS
BARTHEL INDEX
BETREUT WOHNEN

Lösung

M V U G L I Z W K E B S I E N M W B S

Q R O B R C Z X A F U H V I E Z J Y A

L V A H L U M X J B F Y Z M N T F X V

I H O M D D L E U X N E Q U H K C Q T

P T U A L P V D S W Y D X S O W E B Y

U E B J C F Z N X L P B T Z W V Y E R

B A R T H E L I S P A C B L L S P H B

Q T Y V S W W M U Z C N U N M A F L S

E I R P N I S C Q Z Z M V C I T T R F

F D I D D O A M O K H C A W E I D Z Z

E I A U K O P A T W K M Y F H R P J E

H B T H E I M P L A T Z K L E A O Q S

V R U P I R C A Q W E H B M G C D X S

F O W F G T C D W Q C W D C E F R R A

J M K F L A N G A N I A O E L D L X K

E O K W L E U L N Z V P W J F E B N E

D K E X T T B B W Y R S A O P W E H G

N B N S U S E V C S E R C I H V U H E

L J O L S L E L H F S I Z P S N A E L

C K K H P X D S J J K T G W D R E K F

M I E H N H O W N E T L A Z D W N N P

E N L Z W B E T R E U T E B W O U W H

L M F M R B K R D U Y I E O Q B E I U

D D U O P H Y C N G S N O T D G F M W

E	K	B	Y	B	V	X	F	R	Y	M	S	G	O	Q	E	C	T	M
G	Q	G	F	J	P	N	Y	Z	E	H	E	B	J	B	O	W	B	L
E	O	B	J	M	A	X	R	H	X	E	N	H	A	J	A	V	X	X
L	S	F	X	K	G	S	C	F	D	W	I	X	O	S	Y	T	E	O
F	K	I	I	R	Y	S	V	B	N	L	O	B	R	H	W	R	E	O
P	S	N	P	E	V	Z	P	G	F	H	R	M	T	A	M	Z	S	A
S	B	W	J	M	E	J	H	E	A	R	E	C	M	U	M	S	O	K
G	V	E	R	H	C	B	U	O	Y	W	N	B	W	S	L	U	R	M
N	A	U	V	A	Q	R	W	L	Q	S	P	Z	I	H	K	T	H	M
U	P	P	E	N	B	E	Y	X	U	F	F	N	N	A	X	R	T	Y
D	D	X	M	F	A	N	N	F	Z	O	L	T	T	L	T	E	R	K
I	C	A	T	U	Z	Z	L	H	Y	H	E	C	E	T	J	D	A	M
E	W	A	Y	A	W	C	V	E	N	G	G	H	N	S	F	N	T	N
M	N	Y	R	S	N	R	Q	X	L	P	E	W	S	H	W	I	I	S
R	E	U	O	N	K	L	O	F	L	E	H	M	I	I	L	H	E	K
E	F	X	R	E	L	P	B	F	L	S	E	B	V	L	I	E	H	Q
V	L	E	E	S	Q	Q	F	J	E	H	R	A	P	F	F	B	K	Z
E	I	S	R	S	C	Q	A	L	Z	U	V	F	F	E	J	V	N	D
D	H	V	S	E	O	I	K	O	L	K	S	I	L	Q	S	O	A	M
F	H	H	Q	C	H	L	Z	H	D	L	P	W	E	T	K	T	R	I
L	E	P	H	H	J	L	C	Y	G	F	W	P	G	T	D	O	K	U
Y	G	J	X	D	H	E	O	N	L	D	E	G	E	O	T	E	I	E
Q	G	P	Q	B	G	G	E	S	S	A	K	N	E	K	N	A	R	K
P	Q	X	T	L	E	Y	T	Y	Q	G	F	R	Y	D	L	E	Z	Z

15

ARTHROSE
KRANKENKASSE
GEHHILFEN
INTENSIVPFLEGE
BEHINDERT

ESSENSAUFNAHME
VERMEIDUNGSPFLEGE
SENIORENPFLEGE
MRSA KRANKHEIT
HAUSHALTSHILFE

Lösung

E K B Y B V X F R Y M S G O Q E C T M
G Q G F J P N Y Z E H E B J B O W B L
E O B J M A X R H X E N H A J A V X X
L S F X K G S C F D W I X O S Y T E O
F K I I R Y S V B N L O B R H W R E O
P S N P E V Z P G F H R M T A M Z S A
S B W J M E J H E A R E C M U M S O K
G V E R H C B U O Y W N B W S L U R M
N A U V A Q R W L Q S P Z I H K T H M
U P P E N B E Y X U F F N N A X R T Y
D D X M F A N N F Z O L T T L T E R K
I C A T U Z Z L H Y H E C E T J D A M
E W A Y A W C V E N G G H N S F N T N
M N Y R S N R Q X L P E W S H W I I S
R E U O N K L O F L E H M I I L H E K
E F X R E L P B F L S E B V L I E H Q
V L E E S Q Q F J E H R A P F F B K Z
E I S R S C Q A L Z U V F F E J V N D
D H V S E O I K O L K S I L Q S O A M
F H H Q C H L Z H D L P W E T K T R I
L E P H H J L C Y G F W P G T D O K U
Y G J X D H E O N L D E G E O T E I E
Q G P Q B G G E S S A K N E K N A R K
P Q X T L E Y T Y Q G F R Y D L E Z Z

F	R	R	O	I	X	P	P	V	I	F	N	B	Y	C	J	S	Y	O
N	F	U	N	O	S	E	F	C	A	B	C	S	S	Z	W	A	Q	G
P	Y	I	G	V	O	L	L	T	T	Z	T	A	O	C	J	Y	Q	L
Z	N	T	T	J	N	L	E	Q	X	G	G	G	L	J	I	L	F	P
U	U	U	H	I	R	E	G	H	I	R	T	W	U	W	K	C	J	T
X	R	D	C	U	E	D	E	G	S	Q	M	C	J	X	Z	O	N	V
D	Q	R	E	Z	B	O	L	N	E	H	G	F	A	Q	S	A	R	N
F	E	R	R	P	F	M	E	U	N	N	J	W	X	J	X	M	J	B
R	W	R	E	M	Q	E	I	L	I	P	Z	O	E	E	M	A	D	D
A	C	R	G	P	S	G	T	D	O	R	M	H	I	W	E	F	D	H
D	Y	Y	S	A	C	E	B	N	R	H	L	N	N	M	D	D	U	M
E	P	V	R	V	X	L	I	A	E	C	H	U	T	C	V	T	V	X
B	Q	Q	E	P	D	F	L	H	N	I	B	N	E	F	X	E	T	A
E	T	B	T	V	A	P	D	E	R	M	I	G	N	Y	C	G	T	C
G	L	Y	L	X	I	U	U	B	E	V	S	S	S	I	T	F	B	H
E	M	Q	A	D	P	G	W	T	S	B	G	A	I	J	W	Y	U	T
L	U	B	T	Y	L	T	M	N	I	D	C	N	V	T	H	X	W	P
F	R	U	K	L	B	D	L	B	D	E	T	P	M	Q	T	H	M	B
P	D	A	U	E	R	P	F	L	E	G	E	A	E	F	T	S	C	A
E	H	K	N	Y	C	U	R	N	N	X	T	S	D	X	Y	E	M	E
F	W	Y	H	D	H	U	C	D	Z	K	B	S	I	M	I	Y	P	L
T	I	Z	S	C	B	R	N	M	H	A	L	U	Z	R	Y	Z	M	T
N	E	G	E	L	F	P	T	H	C	A	N	N	I	I	S	G	W	O
X	E	E	U	S	N	Z	O	F	C	L	J	G	N	O	B	X	X	G

16

PFLEGEBEDARF
DAUERPFLEGE
PFLEGEMODELLE
ALTERSGERECHT
NACHTPFLEGE

WOHNUNGSANPASSUNG
PFLEGELEITBILD
INTENSIVMEDIZIN
BEHANDLUNG
SENIORENRESIDENZ

Lösung

F R R O I X P P V I F N B Y C J S Y O
N F U N O S E F C A B C S S Z W A Q G
P Y I G V O L L T T Z T A O C J Y Q L
Z N T T J N L E Q X G G G L J I L F P
U U U H I R E G H I R T W U W K C J T
X R D C U E D E G S Q M C J X Z O N V
D Q R E Z B O L N E H G F A Q S A R N
F E R R P F M E U N N J W X J X M J B
R W R E M Q E I L I P Z O E E M A D D
A C R G P S G T D O R M H I W E F D H
D Y Y S A C E B N R H L N N M D D U M
E P V R V X L I A E C H U T C V T V X
B Q Q E P D F L H N I B N E F X E T A
E T B T V A P D E R M I G N Y C G T C
G L Y L X I U U B E V S S S I T F B H
E M Q A D P G W T S B G A I J W Y U T
L U B T Y L T M N I D C N V T H X W P
F R U K L B D L B D E T P M Q T H M B
P D A U E R P F L E G E A E F T S C A
E H K N Y C U R N N X T S D X Y E M E
F W Y H D H U C D Z K B S I M I Y P L
T I Z S C B R N M H A L U Z R Y Z M T
N E G E L F P T H C A N N I I S G W O
X E E U S N Z O F C L J G N O B X X G

V	R	M	I	K	R	H	M	Z	Q	D	H	I	K	G	Y	F	R	B
L	Y	M	K	O	H	U	X	E	H	C	H	U	I	V	J	Z	P	W
E	M	X	Z	E	P	K	N	T	A	D	Z	U	H	A	U	S	E	X
G	O	X	I	V	W	E	Q	B	H	K	B	P	M	G	I	S	K	W
E	L	F	M	U	A	H	X	N	G	G	Z	B	D	J	S	M	Z	X
L	D	M	I	L	Z	L	R	Z	B	Y	S	C	F	K	P	X	D	A
F	Y	J	Y	Y	Y	Q	V	W	Y	K	E	A	O	F	W	L	I	V
P	P	D	V	V	E	I	R	T	A	I	H	C	Y	S	P	D	D	E
R	C	S	D	D	Q	F	L	N	O	I	T	O	A	V	B	M	D	M
E	B	R	H	H	O	M	A	I	H	E	I	M	G	E	S	E	T	Z
P	D	R	M	I	M	G	C	W	D	J	Q	G	F	C	D	O	U	K
R	S	I	V	D	L	V	O	Z	B	N	F	G	O	M	N	Z	F	X
E	Q	J	J	Q	Y	R	M	C	H	S	B	X	N	D	J	P	W	F
O	Z	P	O	O	L	E	N	C	L	M	D	D	G	K	F	O	Z	E
K	O	S	Z	V	O	T	Q	I	N	R	P	F	L	E	G	E	P	D
X	C	I	J	K	K	A	R	G	Y	L	E	Z	G	T	W	M	D	T
S	C	L	D	L	E	G	E	G	E	L	F	P	A	H	W	R	N	Q
O	O	G	W	G	V	E	F	U	T	S	E	G	E	L	F	P	A	L
J	A	G	R	Q	P	U	E	E	U	T	J	T	H	O	T	K	T	P
B	K	J	N	H	U	W	G	E	K	P	D	O	A	G	A	Q	S	J
D	X	W	T	V	L	K	E	L	Q	W	Z	S	C	S	W	S	E	N
X	F	J	U	C	S	N	K	K	M	K	N	X	Q	G	N	K	H	N
E	G	U	T	R	I	K	E	G	E	L	F	P	D	L	Z	H	U	W
E	G	E	L	F	P	S	U	A	H	N	E	K	N	A	R	K	R	P

17

PFLEGE
KOERPERPFLEGE
POOLEN
PFLEGEGELD
PFLEGESTUFE

PFLEGE ZUHAUSE
KRANKENHAUSPFLEGE
PSYCHIATRIE
HEIMGESETZ
RUHESTAND

Lösung

V R M I K R H M Z Q D H I K G Y F R B

L Y M K O H U X E H C H U I V J Z P W

E M X Z E P K N T A D Z U H A U S E X

G O X I V W E Q B H K B P M G I S K W

E L F M U A H X N G G Z B D J S M Z X

L D M I L Z L R Z B Y S C F K P X D A

F Y J Y Y Y Q V W Y K E A O F W L I V

P P D V V E I R T A I H C Y S P D D E

R C S D D Q F L N O I T O A V B M D M

E B R H H O M A I H E I M G E S E T Z

P D R M I M G C W D J Q G F C D O U K

R S I V D L V O Z B N F G O M N Z F X

E Q J J Q Y R M C H S B X N D J P W F

O Z P O O L E N C L M D D G K F O Z E

K O S Z V O T Q I N R P F L E G E P D

X C I J K K A R G Y L E Z G T W M D T

S C L D L E G E G E L F P A H W R N Q

O O G W G V E F U T S E G E L F P A L

J A G R Q P U E E U T J T H O T K T P

B K J N H U W G E K P D O A G A Q S J

D X W T V L K E L Q W Z S C S W S E N

X F J U C S N K K M K N X Q G N K H N

E G U T R I K E G E L F P D L Z H U W

E G E L F P S U A H N E K N A R K R P

Z R U W O H N E N T E I E Y R R N E R
L X Y S Z T T J P Q M I M C I H J G X
V O K F W Y Q S P C B T D A T Z N E Z
P S A R P R V I N I A P C A S U O L P
E O E R E W H V K L I O L M N Q G F H
C D H T T K S K Z W K T L A E L T P K
I W L C X G W D K Q E G L Z I A V S L
W A N H I Q L M Q R A P P T D L O G A
K L S Y P L A T S K E U R A L T R N R
L C K Z G Z H V A G O B L X A E S U P
U F T K G H O C E F X T E U I N O R G
H A A E R R X L E V E L Z C Z B R E F
B W J E S D F X F R B H E C O E G D D
G X C O J P O S S K B Q Z K S T E N E
X Y R T W R M D A K I E C X F R V I Q
F G J V M L I P S G G C G F E E O H C
E D I M I A M O F G F J W W Z U L R L
V R T U B L M E E A U K G B Z U L E I
R I M E Y O T K B M I Y N C A N M V I
B G T T J I V I X S D P W N C G A Y R
V E O O F Q Q H Y D S X R C O W C F D
S A E P P L N Y F A M N L F V P H R L
U G L Z E U S Z D P M S F P P F T X Y
G F X Q H X U H B L S L A D U I H N I

SOZIALDIENST
ALTENBETREUUNG
VORSORGEVOLLMACHT
WOHNEN IM ALTER
ALTERSDIABETES

ALTERSVORSORGE
PFLEGEPLANUNG
VERHINDERUNGSPFLEGE
DRK
GEBRECHLICH

Lösung

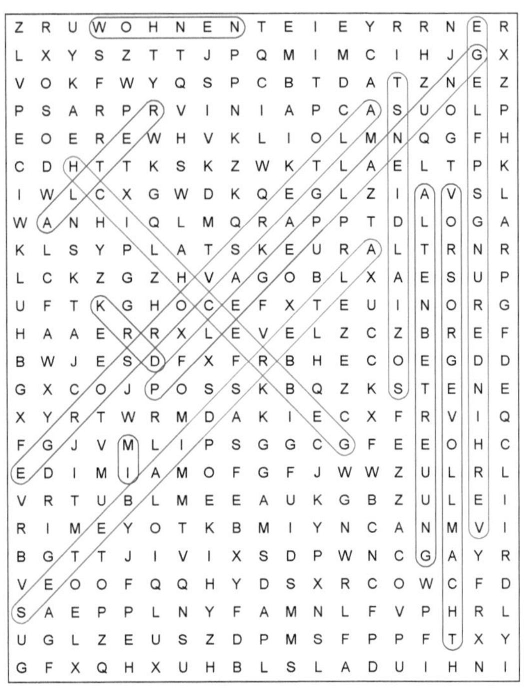

DAS

GLÜCK

WORTSUCHRÄTSEL BUCH

V	E	C	P	A	O	Q	T	P	T	W	C	S	N	B	P	F	L	B
L	K	J	M	R	U	B	O	I	F	B	H	D	Z	P	O	I	J	R
E	A	A	Z	G	G	S	I	T	T	V	Y	H	R	Z	C	Q	E	J
U	W	R	U	G	P	M	K	O	M	P	X	N	U	G	R	C	R	I
T	Z	X	G	W	P	O	U	C	U	P	B	W	A	Z	P	W	F	V
E	Q	F	E	O	M	U	Y	W	M	P	E	E	I	O	I	I	O	M
I	E	B	X	V	A	V	O	Y	J	N	B	D	D	X	E	N	L	D
S	W	G	O	E	M	R	R	G	D	P	O	Y	K	N	W	H	G	L
V	K	F	X	A	U	V	X	U	J	V	B	Q	S	N	B	S	X	A
T	C	D	T	E	D	F	N	A	Y	M	X	U	O	I	V	I	M	J
N	E	I	M	A	I	G	K	K	U	P	C	E	M	W	O	T	D	E
O	U	H	Q	K	E	I	V	F	M	O	W	S	R	E	L	K	V	N
Y	L	H	V	P	R	I	M	Y	N	Z	Q	Q	I	G	L	S	Q	C
N	G	I	A	J	E	C	S	K	L	B	B	B	T	T	T	A	D	O
E	C	J	M	W	M	J	I	L	Y	R	P	Y	X	P	R	Q	I	U
B	O	S	Y	X	R	U	E	L	H	L	F	X	P	U	E	N	S	P
A	X	E	D	W	E	B	T	S	P	Z	L	D	J	A	F	I	Y	L
G	S	D	A	W	A	H	U	Q	M	M	X	T	T	H	F	V	J	V
Z	U	D	F	K	W	G	E	T	U	R	M	S	U	V	E	F	A	V
U	A	M	S	N	H	U	B	K	I	I	L	L	A	J	R	H	V	X
M	Z	M	D	C	C	L	I	L	R	J	S	O	S	T	T	S	F	H
R	I	A	R	P	S	L	J	P	T	D	N	J	X	P	S	W	I	F
Z	R	H	D	T	I	W	M	Q	V	W	G	F	O	M	O	D	F	C
M	V	L	N	E	H	I	E	O	M	W	B	L	Y	T	U	W	M	X

TRIUMPH
VOLLTREFFER
COUP
ZUWENDUNG
GABE

SCHWAERMEREI
GLUECK
BEUTE
HAUPTGEWINN
ERFOLG

Lösung

V	E	C	P	A	O	Q	T	P	T	W	C	S	N	B	P	F	L	B
L	K	J	M	R	U	B	O	I	F	B	H	D	Z	P	O	I	J	R
E	A	A	Z	G	G	S	I	T	T	V	Y	H	R	Z	C	Q	E	J
U	W	R	U	G	P	M	K	O	M	P	X	N	U	G	R	C	R	I
T	Z	X	G	W	P	O	U	C	U	P	B	W	A	Z	P	W	F	V
E	Q	F	E	O	M	U	Y	W	M	P	E	E	I	O	I	I	O	M
I	E	B	X	V	A	V	O	Y	J	N	B	D	D	X	E	N	L	D
S	W	G	O	E	M	R	R	G	D	P	O	Y	K	N	W	H	G	L
V	K	F	X	A	U	V	X	U	J	V	B	Q	S	N	B	S	X	A
T	C	D	T	E	D	F	N	A	Y	M	X	U	O	I	V	I	M	J
N	E	I	M	A	I	G	K	K	U	P	C	E	M	W	O	T	D	E
O	U	H	Q	K	E	I	V	F	M	O	W	S	R	E	L	K	V	N
Y	L	H	V	P	R	I	M	Y	N	Z	Q	Q	I	G	L	S	Q	C
N	G	I	A	J	E	C	S	K	L	B	B	B	T	T	T	A	D	O
E	C	J	M	W	M	J	I	L	Y	R	P	Y	X	P	R	Q	I	U
B	O	S	Y	X	R	U	E	L	H	L	F	X	P	U	E	N	S	P
A	X	E	D	W	E	B	T	S	P	Z	L	D	J	A	F	I	Y	L
G	S	D	A	W	A	H	U	Q	M	M	X	T	T	H	F	V	J	V
Z	U	D	F	K	W	G	E	T	U	R	M	S	U	V	E	F	A	V
U	A	M	S	N	H	U	B	K	I	I	L	L	A	J	R	H	V	X
M	Z	M	D	C	C	L	I	L	R	J	S	O	S	T	T	S	F	H
R	I	A	R	P	S	L	J	P	T	D	N	J	X	P	S	W	I	F
Z	R	H	D	T	I	W	M	Q	V	W	G	F	O	M	O	D	F	C
M	V	L	N	E	H	I	E	O	M	W	B	L	Y	T	U	W	M	X

W	E	A	O	L	Z	A	Y	H	U	L	C	R	C	V	V	R	B	N
O	C	A	H	K	Z	L	Q	N	E	S	B	O	K	S	A	X	M	L
H	L	E	B	E	N	S	G	E	I	S	T	E	R	J	N	H	K	C
U	O	T	S	R	L	O	A	U	E	R	K	T	L	R	N	S	B	H
N	Q	Y	T	F	O	J	Y	F	T	O	U	U	B	E	Z	P	H	R
K	A	V	N	U	Y	T	U	T	F	G	N	W	Z	D	V	J	Z	Z
B	O	S	P	E	E	G	A	V	Q	D	O	T	L	S	T	R	B	P
O	G	B	X	L	G	U	C	H	P	H	E	D	T	K	D	N	J	W
L	S	S	J	L	X	A	E	M	L	O	I	R	O	M	C	V	F	U
H	C	L	B	U	L	Q	B	G	G	F	L	M	V	A	E	N	F	T
E	X	K	Z	N	L	Z	E	R	Y	V	M	W	R	E	M	C	U	Y
X	H	P	P	G	L	F	E	Q	B	E	O	T	T	U	X	X	V	E
D	G	V	U	M	U	W	S	Y	N	X	K	M	D	K	D	Y	X	N
N	L	V	U	E	X	Q	H	B	A	N	N	X	N	U	E	V	Q	R
G	Z	T	H	J	J	Y	L	F	S	U	F	T	T	P	T	A	L	P
L	D	L	F	S	T	J	N	B	U	X	N	O	N	E	N	J	D	Y
M	M	V	U	O	P	O	D	W	P	C	X	C	F	N	P	R	I	U
E	Y	Z	T	H	B	M	W	M	T	B	E	A	U	T	Y	F	E	A
F	I	P	O	L	N	X	A	U	H	N	K	E	Y	X	K	S	W	R
T	G	C	E	A	L	O	O	F	C	T	Q	P	W	K	A	L	B	G
H	X	S	L	G	N	V	E	X	P	Y	B	P	Z	N	Z	Z	T	X
S	S	E	Q	C	R	R	E	I	S	E	A	L	P	W	C	V	Y	M
E	B	S	G	X	V	T	J	Y	F	Q	Q	R	C	T	X	M	O	Z
M	S	D	F	H	V	L	P	Z	V	O	R	W	A	E	R	T	S	E

BEAUTY
ELAN
ERGOETZEN
VORWAERTS KOMMEN
PLAESIER

WOHLGEFUEHL
LEBENSGEISTER
ERFUELLUNG
NOBLESSE
BANN

Lösung

W	E	A	O	L	Z	A	Y	H	U	L	C	R	C	V	V	R	B	N
O	C	A	H	K	Z	L	Q	N	E	S	B	O	K	S	A	X	M	L
H	L	E	B	E	N	S	G	E	I	S	T	E	R	J	N	H	K	C
U	O	T	S	R	L	O	A	U	E	R	K	T	L	R	N	S	B	H
N	Q	Y	T	F	O	J	Y	F	T	O	U	U	B	E	Z	P	H	R
K	A	V	N	U	Y	T	U	T	F	G	N	W	Z	D	V	J	Z	Z
B	O	S	P	E	E	G	A	V	Q	D	O	T	L	S	T	R	B	P
O	G	B	X	L	G	U	C	H	P	H	E	D	T	K	D	N	J	W
L	S	S	J	L	X	A	E	M	L	O	I	R	O	M	C	V	F	U
H	C	L	B	U	L	Q	B	G	G	F	L	M	V	A	E	N	F	T
E	X	K	Z	N	L	Z	E	R	Y	V	M	W	R	E	M	C	U	Y
X	H	P	P	G	L	F	E	Q	B	E	O	T	T	U	X	X	V	E
D	G	V	U	M	U	W	S	Y	N	X	K	M	D	K	D	Y	X	N
N	L	V	U	E	X	Q	H	B	A	N	N	X	N	U	E	V	Q	R
G	Z	T	H	J	J	Y	L	F	S	U	F	T	T	P	T	A	L	P
L	D	L	F	S	T	J	N	B	U	X	N	O	N	E	N	J	D	Y
M	M	V	U	O	P	O	D	W	P	C	X	C	F	N	P	R	I	U
E	Y	Z	T	H	B	M	W	M	T	B	E	A	U	T	Y	F	E	A
F	I	P	O	L	N	X	A	U	H	N	K	E	Y	X	K	S	W	R
T	G	C	E	A	L	O	O	F	C	T	Q	P	W	K	A	L	B	G
H	X	S	L	G	N	V	E	X	P	Y	B	P	Z	N	Z	Z	T	X
S	S	E	Q	C	R	R	E	I	S	E	A	L	P	W	C	V	Y	M
E	B	S	G	X	V	T	J	Y	F	Q	Q	R	C	T	X	M	O	Z
M	S	D	F	H	V	L	P	Z	V	O	R	W	A	E	R	T	S	E

E	Q	R	A	I	B	W	C	R	S	S	H	R	C	Y	D	U	S	L
C	F	R	N	X	E	X	W	J	D	F	Y	E	A	F	G	M	X	V
I	Z	Z	I	B	W	V	Z	N	L	E	Z	N	F	D	D	H	P	C
A	T	C	V	O	R	F	R	E	U	D	E	C	K	B	K	Y	U	B
H	K	N	Z	U	S	T	I	M	M	U	N	G	T	J	E	N	J	D
G	N	U	N	H	C	I	E	Z	S	U	A	W	E	U	F	L	V	L
I	I	O	G	O	V	T	T	Y	S	Q	O	M	P	E	S	G	T	J
G	D	H	L	L	T	K	E	K	F	H	M	P	D	Y	N	P	I	I
J	J	T	J	A	X	R	E	K	L	W	O	W	D	G	F	L	E	E
N	B	E	Q	N	X	X	U	G	K	B	H	T	J	M	K	A	K	F
V	M	E	O	N	C	K	E	M	O	K	F	P	X	R	F	E	G	S
E	H	A	D	A	J	S	P	N	P	M	W	G	V	A	K	S	I	K
E	T	C	F	P	T	H	Y	A	A	F	U	Z	R	W	C	I	T	W
A	L	W	U	A	R	R	Z	Y	V	Z	R	J	E	F	I	R	S	D
F	V	P	L	R	V	B	V	A	H	N	K	C	Y	T	H	T	U	U
A	K	T	A	J	B	B	J	C	I	I	J	R	C	W	C	S	L	C
J	Z	L	G	A	K	H	S	E	N	M	Y	Z	E	H	R	N	X	F
N	Z	J	V	S	X	I	C	P	J	J	E	L	Q	C	C	T	X	P
B	R	P	K	S	F	J	O	R	U	K	A	S	X	X	T	L	Q	W
O	V	Y	K	X	A	G	C	T	U	N	Y	A	N	E	K	E	I	L
N	X	Q	B	W	W	S	I	B	Y	D	Z	F	Q	E	C	K	T	I
Z	R	A	U	O	I	Z	E	I	W	A	G	D	J	Q	T	T	I	I
M	V	X	N	Q	T	X	Z	H	N	W	F	R	R	J	Y	U	Y	H
T	L	C	Z	U	H	W	A	O	N	F	R	N	H	M	P	R	Q	B

ZUSTIMMUNG
VORFREUDE
FISCHZUG
WOHLGESTALT
CHIC

LUSTIGKEIT
AUSZEICHNUNG
TRUMPF
DURCHBRUCH
PLAESIR

Lösung

E	Q	R	A	I	B	W	C	R	S	S	H	R	C	Y	D	U	S	L
C	F	R	N	X	E	X	W	J	D	F	Y	E	A	F	G	M	X	V
I	Z	Z	I	B	W	V	Z	N	L	E	Z	N	F	D	D	H	P	C
A	T	C	V	O	R	F	R	E	U	D	E	C	K	B	K	Y	U	B
H	K	N	Z	U	S	T	I	M	M	U	N	G	T	J	E	N	J	D
G	N	U	N	H	C	I	E	Z	S	U	A	W	E	U	F	L	V	L
I	I	O	G	O	V	T	T	Y	S	Q	O	M	P	E	S	G	T	J
G	D	H	L	L	T	K	E	K	F	H	M	P	D	Y	N	P	I	I
J	J	T	J	A	X	R	E	K	L	W	O	W	D	G	F	L	E	E
N	B	E	Q	N	X	X	U	G	K	B	H	T	J	M	K	A	K	F
V	M	E	O	N	C	K	E	M	O	K	F	P	X	R	F	E	G	S
E	H	A	D	A	J	S	P	N	P	M	W	G	V	A	K	S	I	K
E	T	C	F	P	T	H	Y	A	A	F	U	Z	R	W	C	I	T	W
A	L	W	U	A	R	R	Z	Y	V	Z	R	J	E	F	I	R	S	D
F	V	P	L	R	V	B	V	A	H	N	K	C	Y	T	H	T	U	U
A	K	T	A	J	B	B	J	C	I	I	J	R	C	W	C	S	L	C
J	Z	L	G	A	K	H	S	E	N	M	Y	Z	E	H	R	N	X	F
N	Z	J	V	S	X	I	C	P	J	J	E	L	Q	C	C	T	X	P
B	R	P	K	S	F	J	O	R	U	K	A	S	X	X	T	L	Q	W
O	V	Y	K	X	A	G	C	T	U	N	Y	A	N	E	K	E	I	L
N	X	Q	B	W	W	S	I	B	Y	D	Z	F	Q	E	C	K	T	I
Z	R	A	U	O	I	Z	E	I	W	A	G	D	J	Q	T	T	I	I
M	V	X	N	Q	T	X	Z	H	N	W	F	R	R	J	Y	U	Y	H
T	L	C	Z	U	H	W	A	O	N	F	R	N	H	M	P	R	Q	B

L	B	C	T	D	B	R	R	I	Q	A	S	M	D	A	R	S	O	X
A	O	B	G	O	L	P	C	E	A	E	A	A	R	G	V	O	O	D
F	B	V	K	P	G	O	W	Q	F	A	G	R	O	S	S	E	S	L
R	G	X	V	K	K	U	B	O	T	I	J	W	P	W	J	P	S	T
U	W	S	G	T	R	A	Z	E	I	J	E	B	W	Z	U	J	P	D
Q	H	R	X	F	R	T	V	X	E	V	P	Q	C	P	L	K	R	C
C	S	D	C	R	L	W	W	O	H	Y	B	B	O	H	X	B	I	V
L	Z	K	K	T	S	V	Z	F	M	S	Q	F	N	V	G	Z	F	G
X	R	O	I	J	G	B	U	X	H	U	I	X	Y	E	Y	S	V	I
I	W	V	T	I	H	H	V	M	E	M	C	X	S	V	V	A	H	M
G	D	U	R	K	T	C	T	L	N	P	R	P	D	Z	U	R	M	Z
Z	V	B	B	A	X	Q	H	E	R	E	T	I	D	U	A	G	F	U
I	B	K	U	X	E	Y	K	D	O	W	I	Z	H	T	A	P	K	L
L	Z	I	X	Z	S	Z	K	I	V	H	E	F	Q	Y	G	S	E	K
E	G	N	H	E	R	R	H	E	T	T	R	O	M	O	T	M	W	N
H	O	H	V	Y	C	F	I	W	E	A	E	L	L	I	F	L	Y	B
E	H	W	M	X	D	F	X	N	A	B	T	A	C	H	D	E	H	D
I	H	F	C	D	T	T	M	E	W	U	S	V	C	Y	I	X	X	M
A	N	T	Q	M	I	C	O	G	O	N	A	S	S	K	M	S	O	W
Y	Y	S	I	K	B	H	D	U	N	I	T	V	I	M	W	N	B	Q
W	P	Z	K	Z	B	L	X	A	N	B	N	V	T	F	F	K	G	O
Q	P	V	R	D	Y	U	Q	G	E	N	A	Z	G	F	K	H	Q	C
Z	H	P	F	R	O	H	S	I	N	N	F	V	A	L	U	E	Q	L
F	W	G	G	V	P	S	B	N	A	S	L	I	T	B	Q	A	W	E

EIFER
FROHSINN
WONNE
FANTASTEREI
GROSSES LOS

AUGENWEIDE
VORNEHMHEIT
WURF
HOBBY
GAUDI

Lösung

L B C T D B R R I Q A S M D A R S O X
A O B G O L P C E A E A A R G V O O D
F B V K P G O W Q F A G R O S S E S L
R G X V K K U B O T I J W P W J P S T
U W S G T R A Z E I J E B W Z U J P D
Q H R X F R T V X E V P Q C P L K R C
C S D C R L W W O H Y B B O H X B I V
L Z K K T S V Z F M S Q F N V G Z F G
X R O I J G B U X H U I X Y E Y S V I
I W V T I H H V M E M C X S V V A H M
G D U R K T C T L N P R P D Z U R M Z
Z V B B A X Q H E R E T I D U A G F U
I B K U X E Y K D O W I Z H T A P K L
L Z I X Z S Z K I V H E F Q Y G S E K
E G N H E R R H E T T R O M O T M W N
H O H V Y C F I W E A E L L I F L Y B
E H W M X D F X N A B T A C H D E H D
I H F C D T T M E W U S V C Y I X X M
A N T Q M I C O G O N A S S K M S O W
Y Y S I K B H D U N I T V I M W N B Q
W P Z K Z B L X A N B N V T F F K G O
Q P V R D Y U Q G E N A Z G F K H Q C
Z H P F R O H S I N N F V A L U E Q L
F W G G V P S B N A S L I T B Q A W E

A	D	J	Q	O	S	E	C	F	H	W	V	G	T	R	W	T	H	Y
N	Z	B	R	T	W	F	O	L	M	F	C	Z	M	A	T	T	R	C
J	F	Q	R	Z	K	Y	I	C	G	H	A	U	R	E	H	P	N	N
G	P	Q	M	G	O	E	N	J	V	U	T	U	U	S	T	L	U	E
V	R	H	W	X	B	Q	N	F	S	Q	P	L	N	I	V	O	U	P
Y	K	E	M	R	F	J	I	G	E	P	A	V	H	C	X	K	F	G
S	C	P	E	X	R	E	W	E	A	R	F	S	L	P	I	S	A	B
K	G	I	G	Y	X	X	E	F	W	I	F	V	F	H	B	W	M	R
D	Z	Q	N	Q	B	W	G	T	D	U	L	O	O	C	Z	C	R	B
A	M	P	G	Z	U	N	H	W	A	Q	E	R	E	L	O	H	U	O
S	B	W	Y	E	U	E	W	K	B	E	I	P	U	R	R	I	T	E
E	Z	T	O	I	R	N	R	W	G	I	D	I	P	W	H	N	S	B
I	C	A	C	B	N	E	C	P	I	N	E	N	A	P	O	Q	S	E
N	K	L	H	V	V	P	O	I	A	I	N	Q	N	E	T	R	L	N
S	K	Z	L	S	K	L	C	N	Q	G	S	A	J	A	V	F	L	M
F	L	P	S	J	U	R	O	W	P	K	C	U	D	Q	N	L	A	A
R	Z	O	P	O	E	K	U	H	H	E	H	C	H	P	U	A	F	S
E	U	N	G	F	N	K	J	J	N	I	A	E	U	X	P	R	I	S
U	M	U	F	E	J	V	O	Y	Y	T	F	E	T	L	H	T	E	A
D	B	E	S	H	Z	Z	A	X	Q	V	T	A	M	W	N	W	B	O
E	R	O	M	T	D	O	Z	P	B	W	G	D	L	E	T	J	F	O
T	Y	L	E	W	J	K	N	M	R	G	G	O	E	Y	E	K	M	A
W	U	K	Y	Q	O	W	K	A	A	T	Z	D	L	T	U	U	L	N
R	A	T	Z	L	B	Z	Q	B	Y	Q	Q	J	B	L	J	U	A	H

VERKAUFSHIT
BEIFALLSSTURM
GEWINN
LOHN
LIEBREIZ

DASEINSFREUDE
EINIGKEIT
EBENMASS
LEIDENSCHAFT
TREFFER

Lösung

A D J Q O S E C F H W V G T R W T H Y
N Z B R T W F O L M F C Z M A T T R C
J F Q R Z K Y I C G H A U R E H P N N
G P Q M G O E N J V U T U U S T L U E
V R H W X B Q N F S Q P L N I V O U P
Y K E M R F J I G E P A V H C X K F G
S C P E X R E W E A R F S L P I S A B
K G I G Y X X E F W I F V F H B W M R
D Z Q N Q B W G T D U L O O C Z C R B
A M P G Z U N H W A Q E R E L O H U O
S B W Y E U E W K B E I P U R R I T E
E Z T O I R N R W G I D I P W H N S B
I C A C B N E C P I N E N A P O Q S E
N K L H V V P O I A I N Q N E T R L N
S K Z L S K L C N Q G S A J A V F L M
F L P S J U R O W P K C U D Q N L A A
R Z O P O E K U H H E H C H P U A F S
E U N G F N K J J N I A E U X P R I S
U M U F E J V O Y Y T F E T L H T E A
D B E S H Z Z A X Q V T A M W N W B O
E R O M T D O Z P B W G D L E T J F O
T Y L E W J K N M R G G O E Y E K M A
W U K Y Q O W K A A T Z D L T U U L N
R A T Z L B Z Q B Y Q Q J B L J U A H

E	G	Z	B	T	N	H	A	P	H	A	U	T	A	A	W	K	T	Z
Y	R	Y	K	Q	T	S	V	M	E	C	Q	G	O	H	D	J	U	U
E	K	F	T	I	E	H	N	E	N	N	O	S	E	B	O	U	E	C
S	T	J	M	N	S	E	X	Q	G	E	E	Z	E	B	W	T	O	J
U	Q	W	D	R	J	G	L	U	M	M	Z	S	H	W	Z	Q	E	P
M	K	P	L	D	K	A	I	T	Y	Y	Y	K	X	Y	F	W	E	B
S	J	L	P	W	Y	V	V	T	I	I	K	I	I	G	Z	K	A	R
A	G	F	N	T	Q	C	H	S	U	K	A	Y	R	Z	R	P	J	S
I	J	F	M	E	A	J	R	I	B	U	M	C	V	Y	Y	L	C	Y
S	I	A	G	Y	G	H	A	P	G	M	I	Q	K	R	N	M	A	A
U	M	T	M	C	R	A	A	H	I	L	I	E	X	L	Y	F	T	D
H	J	O	J	S	I	F	H	C	B	C	B	W	X	A	Y	A	T	N
T	L	J	D	J	W	Y	E	E	I	U	D	I	X	X	O	S	R	W
N	E	W	B	O	I	J	A	H	B	G	S	R	Q	M	N	Z	A	H
E	R	D	E	F	Z	T	Z	F	J	L	O	M	E	R	L	I	K	C
L	S	K	P	O	N	P	I	K	C	P	H	P	S	B	V	N	T	U
S	D	V	X	Y	N	N	V	Q	A	C	F	O	Z	I	Z	A	I	R
K	B	S	A	W	S	P	S	L	W	Q	I	O	W	P	O	T	V	P
C	L	G	G	X	F	U	T	H	C	X	D	U	K	F	P	I	I	S
G	B	U	W	H	M	E	X	K	A	Y	V	M	E	C	W	O	T	U
Z	O	Z	H	G	W	I	N	U	K	M	J	W	R	N	T	N	A	Z
A	L	B	L	T	P	Q	O	X	L	S	L	D	G	L	J	E	E	V
N	I	E	H	C	S	N	E	N	N	O	S	X	U	I	I	O	T	K
G	A	T	P	K	B	O	L	W	A	W	E	I	H	E	Z	Q	J	O

LOB
BESONNENHEIT
WOHLBEHAGEN
LUXUS
WEIHE

ENTHUSIASMUS
ATTRAKTIVITAET
SONNENSCHEIN
FASZINATION
ZUSPRUCH

Lösung

E	G	Z	B	T	N	H	A	P	H	A	U	T	A	A	W	K	T	Z
Y	R	Y	K	Q	T	S	V	M	E	C	Q	G	O	H	D	J	U	U
E	K	F	T	I	E	H	N	E	N	N	O	S	E	B	O	U	E	C
S	T	J	M	N	S	E	X	Q	G	E	E	Z	E	B	W	T	O	J
U	Q	W	D	R	J	G	L	U	M	M	Z	S	H	W	Z	Q	E	P
M	K	P	L	D	K	A	I	T	Y	Y	Y	K	X	Y	F	W	E	B
S	J	L	P	W	Y	V	V	T	I	I	K	I	I	G	Z	K	A	R
A	G	F	N	T	Q	C	H	S	U	K	A	Y	R	Z	R	P	J	S
I	J	F	M	E	A	J	R	I	B	U	M	C	V	Y	Y	L	C	Y
S	I	A	G	Y	G	H	A	P	G	M	I	Q	K	R	N	M	A	A
U	M	T	M	C	R	A	A	H	I	L	I	E	X	L	Y	F	T	D
H	J	O	J	S	I	F	H	C	B	C	B	W	X	A	Y	A	T	N
T	L	J	D	J	W	Y	E	E	I	U	D	I	X	X	O	S	R	W
N	E	W	B	O	I	J	A	H	B	G	S	R	Q	M	N	Z	A	H
E	R	D	E	F	Z	T	Z	F	J	L	O	M	E	R	L	I	K	C
L	S	K	P	O	N	P	I	K	C	P	H	P	S	B	V	N	T	U
S	D	V	X	Y	N	N	V	Q	A	C	F	O	Z	I	Z	A	I	R
K	B	S	A	W	S	P	S	L	W	Q	I	O	W	P	O	T	V	P
C	L	G	G	X	F	U	T	H	C	X	D	U	K	F	P	I	I	S
G	B	U	W	H	M	E	X	K	A	Y	V	M	E	C	W	O	T	U
Z	O	Z	H	G	W	I	N	U	K	M	J	W	R	N	T	N	A	Z
A	L	B	L	T	P	Q	O	X	L	S	L	D	G	L	J	E	E	V
N	I	E	H	C	S	N	E	N	N	O	S	X	U	I	I	O	T	K
G	A	T	P	K	B	O	L	W	A	W	E	I	H	E	Z	Q	J	O

Z	O	K	O	Z	Y	O	Y	T	W	Y	Q	B	O	R	S	H	F	V
T	D	T	G	L	E	H	Z	P	T	N	N	E	H	H	T	R	Q	I
B	F	R	E	I	N	B	R	U	N	S	T	Z	J	D	O	S	O	P
X	B	B	I	B	A	W	B	D	T	F	V	B	K	H	P	Z	U	D
Z	F	P	T	F	O	C	I	P	H	I	V	I	E	J	P	H	P	X
T	M	O	S	U	H	P	L	O	E	L	Y	G	M	T	W	L	B	S
C	N	S	F	A	H	S	X	S	E	G	E	N	V	G	E	V	Q	D
L	A	K	U	M	S	R	Y	L	V	F	V	C	T	F	J	B	Q	L
V	P	F	A	L	I	E	B	O	A	H	I	G	L	B	Q	A	U	K
U	K	L	C	W	Z	B	J	E	W	Z	H	K	Z	Z	P	X	N	W
Q	X	W	Z	E	T	I	L	T	Q	X	J	M	T	X	V	F	L	C
V	C	Y	C	H	G	L	G	V	Z	G	N	U	M	M	I	T	S	K
P	I	B	T	U	I	B	N	H	N	M	B	T	E	C	B	H	G	A
X	V	R	F	G	Q	S	U	M	M	Z	X	Z	S	O	I	V	T	W
R	K	T	K	N	S	L	N	E	L	N	K	Q	O	Q	J	V	P	D
Z	K	E	O	R	U	Z	H	U	Y	D	O	L	W	N	Y	P	B	X
C	I	G	W	B	E	Z	O	U	D	W	F	D	Q	K	T	G	R	Y
T	D	A	U	G	F	V	L	R	J	I	G	B	M	S	G	L	H	A
Q	W	N	Y	K	D	Z	E	Z	T	N	Y	T	P	G	Z	X	I	V
K	T	S	P	H	C	S	B	M	O	T	L	P	Q	P	H	Q	N	S
L	R	A	U	S	C	H	V	N	V	O	U	C	A	S	M	J	G	T
I	B	S	O	W	E	J	V	A	P	A	P	C	F	X	Z	L	A	C
Y	V	P	K	V	E	R	Z	U	E	C	K	U	N	G	L	O	B	M
X	A	N	D	E	N	K	E	N	N	A	P	M	N	L	G	O	E	B

INBRUNST
HINGABE
AUFSTIEG
BELOHNUNG
GEFAELLIGKEIT

VERZUECKUNG
RAUSCH
SEGEN
FROHE STIMMUNG
ANDENKEN

Lösung

Z O K O Z Y O Y T W Y Q B O R S H F V

T D T G L E H Z P T N N E H H T R Q I

B F R E I N B R U N S T Z J D O S O P

X B B I B A W B D T F V B K H P Z U D

Z F P T F O C I P H I V I E J P H P X

T M O S U H P L O E L Y G M T W L B S

C N S F A H S X S E G E N V G E V Q D

L A K U M S R Y L V F V C T F J B Q L

V P F A L I E B O A H I G L B Q A U K

U K L C W Z B J E W Z H K Z Z P X N W

Q X W Z E T I L T Q X J M T X V F L C

V C Y C H G L G V Z G N U M M I T S K

P I B T U I B N H N M B T E C B H G A

X V R F G Q S U M M Z X Z S O I V T W

R K T K N S L N E L N K Q O Q J V P D

Z K E O R U Z H U Y D O L W N Y P B X

C I G W B E Z O U D W F D Q K T G R Y

T D A U G F V L R J I G B M S G L H A

Q W N Y K D Z E Z T N Y T P G Z X I V

K T S P H C S B M O T L P Q P H Q N S

L R A U S C H V N V O U C A S M J G T

I B S O W E J V A P A P C F X Z L A C

Y V P K V E R Z U E C K U N G L O B M

X A N D E N K E N N A P M N L G O E B

E	S	I	D	U	T	U	Y	H	Y	N	A	L	C	I	F	I	V	X
P	Y	H	S	N	Y	M	U	K	C	J	I	S	Y	B	T	O	U	E
C	T	N	V	Y	R	P	V	V	K	Z	B	R	H	K	N	L	O	Z
X	B	M	X	X	G	F	K	M	P	F	S	K	U	W	E	C	Q	U
E	P	F	Z	C	I	L	C	L	I	J	R	Y	A	E	U	C	P	G
A	T	Z	T	J	E	P	P	H	S	R	M	D	M	Z	S	B	X	X
S	T	T	F	N	A	E	C	H	S	T	E	N	L	I	E	B	E	D
H	N	K	I	C	G	L	U	T	B	M	Z	N	T	S	A	Q	N	I
V	O	Q	K	R	P	U	Y	Z	C	H	V	E	S	C	L	B	Q	K
S	U	F	G	R	H	F	K	K	W	Q	C	K	U	D	A	F	N	G
R	B	V	F	C	I	C	U	N	X	M	Y	C	L	G	N	C	O	T
N	T	S	E	O	Q	X	S	W	Q	G	I	E	S	Q	E	Z	H	H
P	A	M	F	V	I	C	G	T	U	K	T	U	N	Q	R	I	L	Q
O	N	N	K	Z	F	Q	A	H	R	P	I	Z	E	A	K	E	A	P
O	Y	O	W	M	W	P	A	V	Q	O	G	T	B	U	E	P	Y	L
S	L	U	S	G	P	C	Z	R	B	M	F	N	E	P	N	P	K	X
U	U	V	X	O	Z	C	U	A	L	P	D	E	L	L	N	W	R	J
A	U	K	W	J	Z	L	B	P	Y	R	P	U	H	Z	U	I	N	M
L	M	C	R	X	X	P	T	V	M	V	I	Z	O	J	N	T	F	G
P	N	Z	F	L	E	U	Z	A	C	T	F	T	Q	Q	G	W	U	W
P	P	G	Q	A	W	T	W	Z	H	P	J	X	G	W	C	E	J	Q
A	E	I	D	E	A	L	I	S	M	U	S	E	R	C	T	R	G	R
K	R	Z	A	J	F	P	D	Q	V	T	I	V	N	E	Y	H	Y	L
Y	O	M	I	G	U	Z	A	Q	M	A	D	K	E	G	M	G	T	Z

POMP
IDEALISMUS
NAECHSTENLIEBE
FORTSCHRITT
ENTZUECKEN
ANERKENNUNG
APPLAUS
GUETE
LEBENSLUST
GLUT

Lösung

E	S	I	D	U	T	U	Y	H	Y	N	A	L	C	I	F	I	V	X
P	Y	H	S	N	Y	M	U	K	C	J	I	S	Y	B	T	O	U	E
C	T	N	V	Y	R	P	V	V	K	Z	B	R	H	K	N	L	O	Z
X	B	M	X	X	G	F	K	M	P	F	S	K	U	W	E	C	Q	U
E	P	F	Z	C	I	L	C	L	I	J	R	Y	A	E	U	C	P	G
A	T	Z	T	J	E	P	P	H	S	R	M	D	M	Z	S	B	X	X
S	T	T	F	N	A	E	C	H	S	T	E	N	L	I	E	B	E	D
H	N	K	I	C	G	L	U	T	B	M	Z	N	T	S	A	Q	N	I
V	O	Q	K	R	P	U	Y	Z	C	H	V	E	S	C	L	B	Q	K
S	U	F	G	R	H	F	K	K	W	Q	C	K	U	D	A	F	N	G
R	B	V	F	C	I	C	U	N	X	M	Y	C	L	G	N	C	O	T
N	T	S	E	O	Q	X	S	W	Q	G	I	E	S	Q	E	Z	H	H
P	A	M	F	V	I	C	G	T	U	K	T	U	N	Q	R	I	L	Q
O	N	N	K	Z	F	Q	A	H	R	P	I	Z	E	A	K	E	A	P
O	Y	O	W	M	W	P	A	V	Q	O	G	T	B	U	E	P	Y	L
S	L	U	S	G	P	C	Z	R	B	M	F	N	E	P	N	P	K	X
U	U	V	X	O	Z	C	U	A	L	P	D	E	L	L	N	W	R	J
A	U	K	W	J	Z	L	B	P	Y	R	P	U	H	Z	U	I	N	M
L	M	C	R	X	X	P	T	V	M	V	I	Z	O	J	N	T	F	G
P	N	Z	F	L	E	U	Z	A	C	T	F	T	Q	Q	G	W	U	W
P	P	G	Q	A	W	T	W	Z	H	P	J	X	G	W	C	E	J	Q
A	E	I	D	E	A	L	I	S	M	U	S	E	R	C	T	R	G	R
K	R	Z	A	J	F	P	D	Q	V	T	I	V	N	E	Y	H	Y	L
Y	O	M	I	G	U	Z	A	Q	M	A	D	K	E	G	M	G	T	Z

U	B	C	K	Y	H	N	P	F	H	A	H	M	L	Q	O	Q	B	H
Y	H	E	A	W	M	D	P	S	E	S	U	X	Q	H	E	H	G	M
L	O	G	H	E	E	I	R	O	H	P	U	E	K	L	D	U	N	Q
L	I	P	F	A	M	K	F	O	R	U	N	Z	Q	O	A	L	H	G
L	H	M	B	D	G	G	Q	I	V	L	R	I	N	N	Y	C	P	D
W	O	Y	E	G	V	E	G	A	T	T	S	E	F	F	O	K	W	F
T	R	R	U	M	L	T	N	W	B	Q	E	O	B	T	A	O	S	U
L	Y	O	X	O	W	H	U	P	N	Z	E	B	E	Q	H	T	N	Z
I	P	G	U	Q	K	B	E	X	J	J	D	D	A	L	G	T	O	A
E	I	Q	S	M	V	Y	N	U	J	W	A	L	W	L	E	S	B	F
B	L	K	E	U	I	T	Z	A	F	P	V	O	S	R	L	E	G	I
E	S	G	R	L	O	X	F	Q	L	E	L	W	H	T	G	K	V	Z
N	Z	H	Z	F	G	I	R	X	F	L	G	A	N	L	H	L	C	T
S	L	I	E	D	M	T	D	T	E	L	L	H	U	E	R	V	X	O
W	O	N	A	M	X	M	P	N	J	T	G	E	C	T	G	X	Z	V
U	N	Z	F	M	Q	A	E	U	U	Y	C	T	L	O	A	O	E	U
E	K	O	C	E	Q	Z	L	N	E	K	X	Q	M	A	H	E	I	X
R	R	F	M	A	P	K	G	A	U	E	F	N	E	H	C	A	L	G
D	U	W	D	R	H	H	Q	N	N	S	E	S	S	U	S	M	O	O
I	D	G	S	S	E	W	G	Q	I	X	V	K	O	C	D	K	C	W
G	T	Q	H	U	Y	H	T	I	E	H	D	N	U	S	E	G	H	N
L	Q	E	P	B	P	H	P	L	F	X	G	N	R	X	R	F	Z	Q
R	B	Z	T	D	Z	A	F	Z	I	T	F	Q	G	R	G	E	C	H
T	W	A	D	W	D	D	D	R	L	T	M	G	X	O	T	X	P	A

EUPHORIE
FESTTAG
LACHEN
BEGLUECKUNG
HOCHGEFUEHL

UNTERHALTUNG
LIEBENSWUERDIG
BEHAGEN
WOHLWOLLEN
GESUNDHEIT

Lösung

U	B	C	K	Y	H	N	P	F	H	A	H	M	L	Q	O	Q	B	H
Y	H	E	A	W	M	D	P	S	E	S	U	X	Q	H	E	H	G	M
L	O	G	H	E	E	I	R	O	H	P	U	E	K	L	D	U	N	Q
L	I	P	F	A	M	K	F	O	R	U	N	Z	Q	O	A	L	H	G
L	H	M	B	D	G	G	Q	I	V	L	R	I	N	N	Y	C	P	D
W	O	Y	E	G	V	E	G	A	T	T	S	E	F	F	O	K	W	F
T	R	R	U	M	L	T	N	W	B	Q	E	O	B	T	A	O	S	U
L	Y	O	X	O	W	H	U	P	N	Z	E	B	E	Q	H	T	N	Z
I	P	G	U	Q	K	B	E	X	J	J	D	D	A	L	G	T	O	A
E	I	Q	S	M	V	Y	N	U	J	W	A	L	W	L	E	S	B	F
B	L	K	E	U	I	T	Z	A	F	P	V	O	S	R	L	E	G	I
E	S	G	R	L	O	X	F	Q	L	E	L	W	H	T	G	K	V	Z
N	Z	H	Z	F	G	I	R	X	F	L	G	A	N	L	H	L	C	T
S	L	I	E	D	M	T	D	T	E	L	L	H	U	E	R	V	X	O
W	O	N	A	M	X	M	P	N	J	T	G	E	C	T	G	X	Z	V
U	N	Z	F	M	Q	A	E	U	U	Y	C	T	L	O	A	O	E	U
E	K	O	C	E	Q	Z	L	N	E	K	X	Q	M	A	H	E	I	X
R	R	F	M	A	P	K	G	A	U	E	F	N	E	H	C	A	L	G
D	U	W	D	R	H	H	Q	N	N	S	E	S	S	U	S	M	O	O
I	D	G	S	S	E	W	G	Q	I	X	V	K	O	C	D	K	C	W
G	T	Q	H	U	Y	H	T	I	E	H	D	N	U	S	E	G	H	N
L	Q	E	P	B	P	H	P	L	F	X	G	N	R	X	R	F	Z	Q
R	B	Z	T	D	Z	A	F	Z	I	T	F	Q	G	R	G	E	C	H
T	W	A	D	W	D	D	D	R	L	T	M	G	X	O	T	X	P	A

E	F	J	Y	K	D	B	F	U	D	P	E	H	D	J	D	B	D	M
I	S	S	L	O	V	D	E	A	W	K	Z	E	L	T	M	S	P	R
U	R	W	B	M	E	G	S	S	S	X	O	G	O	N	O	J	D	H
U	D	X	Y	B	M	A	T	N	X	U	E	G	Q	L	O	E	A	K
K	J	V	D	Z	W	I	N	K	W	F	W	J	S	E	D	I	Y	Q
V	L	D	W	U	L	M	G	F	A	N	D	K	D	W	B	N	O	U
A	X	Q	X	H	P	T	B	L	H	K	C	I	V	E	V	K	D	F
C	Q	Q	I	G	L	Y	L	I	A	E	W	U	I	K	B	L	I	O
T	K	V	J	J	R	E	F	D	U	Q	I	Z	J	H	F	A	F	K
J	I	G	K	K	N	P	R	L	I	E	A	A	P	W	M	N	P	M
U	Z	E	M	J	A	V	G	B	J	R	M	B	R	G	E	G	T	Y
R	E	N	K	K	O	W	T	T	G	S	Z	W	G	C	Y	A	J	P
W	D	B	S	G	R	J	J	W	I	U	H	E	L	J	N	V	F	R
C	M	P	E	H	I	K	N	R	B	O	G	C	H	N	Z	P	E	V
J	F	Z	V	R	D	L	A	H	C	A	R	H	L	J	D	J	X	C
S	U	Q	R	P	S	H	E	H	B	G	A	S	R	P	Y	D	S	N
K	V	S	E	T	C	C	S	S	V	I	H	L	Y	F	B	E	A	J
M	J	C	I	A	Q	T	H	G	L	O	D	U	A	T	P	N	Y	A
D	K	Y	J	U	I	U	R	W	G	W	Q	N	V	D	Q	H	K	E
O	F	T	H	M	X	O	Y	B	A	O	T	G	N	W	U	Z	X	J
O	U	Z	M	X	E	V	E	R	G	N	U	E	G	T	H	E	I	T
O	Y	U	D	D	K	L	V	A	H	B	G	U	N	O	Z	P	V	I
F	N	B	J	Q	K	X	H	C	K	I	B	K	G	U	I	X	H	B
G	G	G	G	D	V	Z	W	Z	X	U	U	N	P	N	M	D	L	Q

10

GRAZIE
GEFALLEN
EINKLANG
VERGNUEGTHEIT
ABWECHSLUNG

CHARISMA
UEBERSCHWANG
SELIGKEIT
GLUECKSLOS
HOCHSTIMMUNG

Lösung

E	F	J	Y	K	D	B	F	U	D	P	E	H	D	J	D	B	D	M
I	S	S	L	O	V	D	E	A	W	K	Z	E	L	T	M	S	P	R
U	R	W	B	M	E	G	S	S	S	X	O	G	O	N	O	J	D	H
U	D	X	Y	B	M	A	T	N	X	U	E	G	Q	L	O	E	A	K
K	J	V	D	Z	W	I	N	K	W	F	W	J	S	E	D	I	Y	Q
V	L	D	W	U	L	M	G	F	A	N	D	K	D	W	B	N	O	U
A	X	Q	X	H	P	T	B	L	H	K	C	I	V	E	V	K	D	F
C	Q	Q	I	G	L	Y	L	I	A	E	W	U	I	K	B	L	I	O
T	K	V	J	J	R	E	F	D	U	Q	I	Z	J	H	F	A	F	K
J	I	G	K	K	N	P	R	L	I	E	A	A	P	W	M	N	P	M
U	Z	E	M	J	A	V	G	B	J	R	M	B	R	G	E	G	T	Y
R	E	N	K	K	O	W	T	T	G	S	Z	W	G	C	Y	A	J	P
W	D	B	S	G	R	J	J	W	I	U	H	E	L	J	N	V	F	R
C	M	P	E	H	I	K	N	R	B	O	G	C	H	N	Z	P	E	V
J	F	Z	V	R	D	L	A	H	C	A	R	H	L	J	D	J	X	C
S	U	Q	R	P	S	H	E	H	B	G	A	S	R	P	Y	D	S	N
K	V	S	E	T	C	C	S	S	V	I	H	L	Y	F	B	E	A	J
M	J	C	I	A	Q	T	H	G	L	O	D	U	A	T	P	N	Y	A
D	K	Y	J	U	I	U	R	W	G	W	Q	N	V	D	Q	H	K	E
O	F	T	H	M	X	O	Y	B	A	O	T	G	N	W	U	Z	X	J
O	U	Z	M	X	E	V	E	R	G	N	U	E	G	T	H	E	I	T
O	Y	U	D	D	K	L	V	A	H	B	G	U	N	O	Z	P	V	I
F	N	B	J	Q	K	X	H	C	K	I	B	K	G	U	I	X	H	B
G	G	G	G	D	V	Z	W	Z	X	U	U	N	P	N	M	D	L	Q

U	J	X	Z	B	I	A	S	K	W	N	P	F	M	E	E	B	B	X
H	K	L	U	H	I	R	V	F	V	S	F	U	W	J	N	U	R	V
L	Q	H	A	F	E	C	K	U	F	H	I	R	D	U	R	B	E	N
V	B	B	O	K	M	M	W	Z	O	J	Q	E	I	Q	T	S	N	H
A	M	J	K	L	A	Q	P	C	G	P	V	G	I	U	D	E	N	Z
O	K	V	V	N	M	P	H	O	Z	N	W	I	K	L	D	Q	O	W
B	N	N	R	T	N	G	T	O	R	Y	U	F	H	M	J	Q	D	B
G	Z	S	I	O	E	Q	O	P	N	K	X	N	R	B	Q	J	S	B
N	L	U	E	F	Q	A	O	U	X	G	O	E	F	M	O	H	L	J
E	C	P	U	V	U	C	I	S	H	U	T	M	A	F	Z	Q	L	C
D	N	E	R	N	W	M	J	Y	W	S	W	I	M	M	O	N	A	M
A	H	Z	I	N	G	D	K	I	A	Y	A	V	E	E	P	H	F	G
L	Q	U	V	R	L	R	D	U	N	Y	T	E	O	H	N	R	I	W
E	K	G	X	J	E	P	A	I	S	F	O	N	O	G	N	S	E	C
G	I	S	K	B	T	I	G	N	A	D	E	R	E	K	D	I	B	S
E	R	V	U	K	A	X	G	K	Y	O	I	N	H	S	B	L	E	J
I	J	A	C	X	C	V	R	V	I	A	R	V	Z	V	E	R	R	F
G	Z	Q	Y	Y	P	E	I	B	L	U	R	U	V	X	D	A	K	Z
R	U	N	Y	J	D	B	A	O	E	J	U	Q	O	H	U	K	R	B
E	R	P	D	G	F	Y	H	Q	A	T	N	T	C	W	E	T	F	P
N	P	Y	C	B	R	A	N	D	J	F	A	U	T	J	R	C	B	V
E	K	J	N	W	B	F	U	U	E	V	Q	K	T	T	F	O	V	S
Z	S	E	M	V	O	D	Q	U	M	K	B	M	N	H	L	F	M	U
Q	C	J	R	V	R	M	C	V	Y	M	J	L	R	Q	S	G	T	U

11

BEIFALLSDONNER
FREUDE
ENERGIEGELADEN
ZAUBER
GNADE

PRAESENT
EMPORKOMMEN
HOCHGEFUEHL
HOFFNUNG
FEINHEIT

Lösung

U J X Z B I A S K W N P F M E E B B X
H K L U H I R V F V S F U W J N U R V
L Q H A F E C K U F H I R D U R B E N
V B B O K M M W Z O J Q E I Q T S N H
A M J K L A Q P C G P V G I U D E N Z
O K V V N M P H O Z N W I K L D Q O W
B N N R T N G T O R Y U F H M J Q D B
G Z S I O E Q O P N K X N R B Q J S B
N L U E F Q A O U X G O E F M O H L J
E C P U V U C I S H U T M A F Z Q L C
D N E R N W M J Y W S W I M M O N A M
A H Z I N G D K I A Y A V E E P H F G
L Q U V R L R D U N Y T E O H N R I W
E K G X J E P A I S F O N O G N S E C
G I S K B T I G N A D E R E K D I B S
E R V U K A X G K Y O I N H S B L E J
I J A C X C V R V I A R V Z V E R R F
G Z Q Y Y P E I B L U R U V X D A K Z
R U N Y J D B A O E J U Q O H U K R B
E R P D G F Y H Q A T N T C W E T F P
N P Y C B R A N D J F A U T J R C B V
E K J N W B F U U E V Q K T T F O V S
Z S E M V O D Q U M K B M N H L F M U
Q C J R V R M C V Y M J L R Q S G T U

H	P	O	P	R	C	N	X	L	N	Y	R	M	L	O	C	C	F	L
A	S	K	Q	Q	N	F	G	S	J	F	U	H	S	Z	R	N	O	V
R	Q	S	E	F	K	G	T	N	R	E	M	U	B	L	P	W	R	K
W	B	C	T	V	F	G	A	N	U	K	C	R	K	K	I	R	T	M
V	D	H	U	F	G	Z	Y	X	C	R	B	Q	S	V	B	N	U	R
N	J	E	L	M	Z	C	B	L	Y	H	E	S	I	S	S	F	N	T
M	O	N	S	R	U	Z	B	S	G	H	A	T	I	H	G	E	A	H
F	H	K	N	S	M	U	B	P	F	P	I	F	I	Z	X	I	W	E
F	V	U	J	F	O	G	L	Y	S	E	D	C	T	E	H	E	U	A
Q	Y	N	X	M	W	H	T	N	K	S	E	I	P	R	H	R	Q	V
B	S	G	D	A	H	B	E	H	F	C	I	R	J	M	R	R	K	A
M	L	S	P	X	A	D	C	H	C	Y	C	E	W	G	C	Q	E	C
Y	C	Y	Z	Q	I	I	R	G	X	A	N	W	G	Q	F	O	Z	X
D	C	J	V	E	L	J	O	Q	J	I	R	X	H	T	E	A	Q	X
I	T	U	H	H	U	Y	L	M	G	K	O	T	S	U	G	V	P	V
Q	T	R	E	M	Z	Z	Q	D	U	D	Q	M	N	I	P	M	P	F
L	S	O	Z	B	S	R	N	C	Q	A	O	U	B	I	M	V	Q	J
J	R	N	V	R	Z	H	X	A	Q	L	X	K	M	T	E	H	K	W
F	I	J	S	C	D	M	Y	Z	L	W	V	Z	H	H	X	L	T	H
P	G	E	N	Y	U	U	I	R	C	G	L	W	B	Y	L	Q	G	C
P	G	V	N	D	Q	V	T	E	G	N	D	B	W	S	T	W	D	W
E	F	R	H	E	V	J	P	X	K	Z	D	D	H	W	K	U	M	B
S	H	X	Q	H	V	T	S	J	T	J	N	E	S	P	C	L	S	Q
L	A	P	C	M	M	L	O	P	E	R	W	W	X	S	N	L	G	P

12

GLANZ
EINTRACHT
HEIDENSPASS
SIEG
SCHENKUNG

FORTUNA
RUHM
FEIER
ERHEITERUNG
FROEHLICHKEIT

Lösung

H P O P R C N X L N Y R M L O C C F L
A S K Q Q N F G S J F U H S Z R N O V
R Q S E F K G T N R E M U B L P W R K
W B C T V F G A N U K C R K K I R T M
V D H U F G Z Y X C R B Q S V B N U R
N J E L M Z C B L Y H E S I S S F N T
M O N S R U Z B S G H A T I H G E A H
F H K N S M U B P F P I F I Z X I W E
F V U J F O G L Y S E D C T E H E U A
Q Y N X M W H T N K S E I P R H R Q V
B S G D A H B E H F C I R J M R R K A
M L S P X A D C H C Y C E W G C Q E C
Y C Y Z Q I I R G X A N W G Q F O Z X
D C J V E L J O Q J I R X H T E A Q X
I T U H H U Y L M G K O T S U G V P V
Q T R E M Z Z Q D U D Q M N I P M P F
L S O Z B S R N C Q A O U B I M V Q J
J R N V R Z H X A Q L X K M T E H K W
F I J S C D M Y Z L W V Z H H X L T H
P G E N Y U U I R C G L W B Y L Q G C
P G V N D Q V T E G N D B W S T W D W
E F R H E V J P X K Z D D H W K U M B
S H X Q H V T S J T J N E S P C L S Q
L A P C M M L O P E R W W X S N L G P

P	K	R	T	Q	Q	S	D	Q	T	H	N	D	Z	A	J	O	H	Q
M	D	C	N	Q	J	W	J	M	P	H	C	G	M	B	M	F	A	B
G	F	F	F	Z	B	R	E	Z	F	W	L	U	U	W	S	L	L	W
J	C	T	O	P	K	W	Z	L	K	D	Q	X	P	R	A	L	B	T
G	A	R	B	E	I	T	S	F	R	E	U	D	E	N	Q	P	N	H
X	K	K	Q	J	I	Z	P	C	A	J	E	E	U	F	R	Z	O	C
A	B	Y	O	N	P	C	M	R	B	P	S	R	M	D	Q	R	I	A
F	Q	X	S	L	C	A	L	N	E	P	X	N	R	U	L	T	S	R
D	P	K	U	K	F	W	L	L	M	I	W	U	A	E	P	H	S	P
E	C	G	D	I	Z	H	G	O	X	Q	S	G	J	C	G	O	A	I
P	N	Z	R	T	A	E	F	I	S	A	L	U	G	Z	I	U	P	Y
X	H	E	A	J	Z	I	Y	O	Z	U	H	E	T	P	T	S	N	H
M	Q	X	I	R	H	M	Z	L	E	S	A	L	R	C	U	V	S	G
M	T	E	X	O	T	U	A	C	J	P	O	D	O	E	Q	E	Y	T
Z	R	V	D	V	B	H	K	X	F	M	K	U	X	Y	S	B	M	W
L	S	W	M	I	Y	S	E	L	U	T	J	G	J	J	X	J	P	L
L	L	Q	Z	M	S	L	H	I	S	R	F	J	T	G	E	J	M	T
D	I	U	I	T	Q	T	E	U	T	I	E	M	I	O	R	P	O	W
L	N	D	E	J	E	S	L	K	F	U	C	A	K	Q	C	E	S	F
I	F	R	L	D	W	M	X	T	F	Y	W	G	D	Z	M	E	A	L
U	N	L	G	W	T	E	Y	B	J	T	A	E	O	R	C	B	Z	G
X	B	N	E	G	E	U	N	G	R	E	V	U	K	Q	G	W	E	P
Q	R	J	H	Q	F	Q	B	L	I	E	H	G	G	E	D	E	K	S
B	Q	Y	Q	W	R	S	Q	D	U	K	K	I	G	E	D	N	L	D

13

VERGNUEGEN
ARBEITSFREUDE
HEIL
PREIS
LUST

ERREGUNG
PRACHT
GLUECKSSTERN
ZARTHEIT
PASSION

Lösung

P	K	R	T	Q	Q	S	D	Q	T	H	N	D	Z	A	J	O	H	Q
M	D	C	N	Q	J	W	J	M	P	H	C	G	M	B	M	F	A	B
G	F	F	F	Z	B	R	E	Z	F	W	L	U	U	W	S	L	L	W
J	C	T	O	P	K	W	Z	L	K	D	Q	X	P	R	A	L	B	T
G	A	R	B	E	I	T	S	F	R	E	U	D	E	N	Q	P	N	H
X	K	K	Q	J	I	Z	P	C	A	J	E	E	U	F	R	Z	O	C
A	B	Y	O	N	P	C	M	R	B	P	S	R	M	D	Q	R	I	A
F	Q	X	S	L	C	A	L	N	E	P	X	N	R	U	L	T	S	R
D	P	K	U	K	F	W	L	L	M	I	W	U	A	E	P	H	S	P
E	C	G	D	I	Z	H	G	O	X	Q	S	G	J	C	G	O	A	I
P	N	Z	R	T	A	E	F	I	S	A	L	U	G	Z	I	U	P	Y
X	H	E	A	J	Z	I	Y	O	Z	U	H	E	T	P	T	S	N	H
M	Q	X	I	R	H	M	Z	L	E	S	A	L	R	C	U	V	S	G
M	T	E	X	O	T	U	A	C	J	P	O	D	O	E	Q	E	Y	T
Z	R	V	D	V	B	H	K	X	F	M	K	U	X	Y	S	B	M	W
L	S	W	M	I	Y	S	E	L	U	T	J	G	J	J	X	J	P	L
L	L	Q	Z	M	S	L	H	I	S	R	F	J	T	G	E	J	M	T
D	I	U	I	T	Q	T	E	U	T	I	E	M	I	O	R	P	O	W
L	N	D	E	J	E	S	L	K	F	U	C	A	K	Q	C	E	S	F
I	F	R	L	D	W	M	X	T	F	Y	W	G	D	Z	M	E	A	L
U	N	L	G	W	T	E	Y	B	J	T	A	E	O	R	C	B	Z	G
X	B	N	E	G	E	U	N	G	R	E	V	U	K	Q	G	W	E	P
Q	R	J	H	Q	F	Q	B	L	I	E	H	G	G	E	D	E	K	S
B	Q	Y	Q	W	R	S	Q	D	U	K	K	I	G	E	D	N	L	D

X	D	X	Z	Q	G	Z	U	O	T	T	U	U	D	I	Z	U	W	O
I	T	L	F	X	P	J	T	V	R	U	Q	E	M	X	K	A	L	R
W	Z	P	K	T	V	P	P	T	C	R	J	D	M	A	M	W	Q	I
B	L	M	G	D	U	E	D	T	E	V	X	J	T	X	X	F	H	X
F	A	N	G	O	V	C	O	I	E	X	E	X	P	O	V	A	R	B
Q	U	M	S	W	X	Z	E	E	S	K	J	L	I	Q	R	B	D	G
O	S	J	B	G	J	G	H	K	C	T	E	B	E	M	W	A	N	I
J	S	I	Q	X	A	J	R	H	I	Z	L	Y	O	G	F	T	V	W
G	U	M	K	R	G	I	U	C	H	U	C	N	C	S	A	S	Q	J
L	N	R	Y	Y	V	X	N	I	G	K	I	W	B	C	G	N	J	Y
L	E	U	M	D	M	H	G	L	J	E	B	O	F	H	Z	B	Z	F
B	G	T	R	N	J	P	Q	R	S	C	K	H	D	M	T	T	V	Y
V	H	S	D	E	K	N	R	R	U	N	C	L	Z	I	G	N	L	B
H	C	N	A	J	T	Z	T	E	U	O	Q	G	H	L	U	E	R	I
Y	O	E	Z	U	T	S	N	H	L	T	J	E	N	L	Y	C	O	S
D	H	D	N	V	C	Q	I	D	R	E	J	F	A	W	Z	O	Y	S
O	Q	U	V	J	L	M	S	E	G	V	N	A	A	U	I	U	X	L
C	M	E	J	U	X	E	E	F	G	H	B	L	G	D	D	T	R	L
A	K	R	P	V	Y	C	N	R	L	E	R	L	N	F	D	O	E	F
K	G	F	D	T	F	Z	A	J	L	M	B	E	T	M	P	A	N	I
T	E	B	F	P	Q	R	L	N	V	F	M	N	C	D	P	K	Q	V
X	D	G	B	B	B	E	T	R	Q	G	U	D	D	I	Z	U	H	G
E	M	K	Z	S	M	F	U	I	T	D	H	B	U	I	E	X	P	G
Q	E	D	A	T	W	J	G	H	N	E	I	J	H	K	X	U	L	D

WOHLGEFALLEN
HERRLICHKEIT
BEGEISTERUNG
HIT
HOCHGENUSS

FREUDENSTURM
EHRUNG
HARMONIE
FANG
ELEGANZ

Lösung

X D X Z Q G Z U O T T U U D I Z U W O

I T L F X P J T V R U Q E M X K A L R

W Z P K T V P P T C R J D M A M W Q I

B L M G D U E D T E V X J T X X F H X

F A N G O V C O I E X E X P O V A R B

Q U M S W X Z E E S K J L I Q R B D G

O S J B G J G H K C T E B E M W A N I

J S I Q X A J R H I Z L Y O G F T V W

G U M K R G I U C H U C N C S A S Q J

L N R Y Y V X N I G K I W B C G N J Y

L E U M D M H G L J E B O F H Z B Z F

B G T R N J P Q R S C K H D M T T V Y

V H S D E K N R R U N C L Z I G N L B

H C N A J T Z T E U O Q G H L U E R I

Y O E Z U T S N H L T J E N L Y C O S

D H D N V C Q I D R E J F A W Z O Y S

O Q U V J L M S E G V N A A U I U X L

C M E J U X E E F G H B L G D D T R L

A K R P V Y C N R L E R L N F D O E F

K G F D T F Z A J L M B E T M P A N I

T E B F P Q R L N V F M N C D P K Q V

X D G B B B E T R Q G U D D I Z U H G

E M K Z S M F U I T D H B U I E X P G

Q E D A T W J G H N E I J H K X U L D

R	A	M	F	E	C	Z	H	M	J	U	Y	U	B	J	A	P	C	A
J	M	Y	P	D	W	T	M	I	A	J	W	A	Z	K	A	K	N	Y
K	U	K	C	C	W	F	T	K	M	B	Y	M	Q	A	U	C	N	P
N	E	S	C	O	M	E	B	A	C	K	E	L	W	J	S	R	O	H
R	S	N	N	R	Y	Y	K	F	T	D	N	E	I	Q	S	W	L	D
B	E	G	I	S	Z	O	D	Q	F	U	H	X	Z	G	T	J	S	Y
U	M	W	I	W	L	M	A	K	E	A	W	N	B	G	R	B	T	B
R	E	N	W	H	G	N	B	N	F	R	K	B	E	J	A	I	I	K
G	N	R	E	K	Z	M	X	V	E	H	U	Z	I	V	H	L	L	Z
Q	T	Q	M	J	U	Z	Q	C	R	N	Q	R	F	Q	L	Q	V	T
J	K	S	S	U	N	E	G	N	N	I	S	H	A	P	U	C	Z	I
J	K	I	M	Q	A	N	V	P	G	F	V	D	L	H	N	E	I	E
Z	Y	D	U	J	H	I	Q	F	T	M	D	Y	L	G	G	D	T	K
S	S	M	C	P	C	C	J	W	J	R	H	S	L	T	K	P	W	R
Y	Q	A	J	B	R	S	I	S	R	R	B	O	M	W	V	D	O	E
H	C	J	C	L	S	Y	J	L	Q	Z	R	C	A	M	R	G	S	T
Y	H	L	F	J	Q	D	H	S	H	I	I	Q	C	J	J	G	C	I
W	V	G	O	T	M	J	U	V	E	E	D	S	R	O	J	W	H	E
A	N	T	H	I	X	X	Q	H	W	K	O	Q	V	P	O	Z	W	H
H	T	X	O	Q	H	L	O	X	Z	F	Y	R	V	K	Y	Q	U	L
B	S	W	S	P	I	I	U	F	J	I	E	D	F	C	G	S	N	L
I	G	X	T	Q	T	U	M	E	T	E	W	C	Q	A	H	A	G	W
J	O	F	V	F	G	G	J	Y	Q	Y	X	P	L	T	F	U	J	I
J	A	U	M	T	T	O	C	O	O	Y	S	T	V	Y	B	S	E	M

15

AUSSTRAHLUNG
HEITERKEIT
FROEHLICH
SCHWUNG
STIL

SINNGENUSS
COMEBACK
BEIFALL
AMUESEMENT
GLORIE

Lösung

R	A	M	F	E	C	Z	H	M	J	U	Y	U	B	J	A	P	C	A
J	M	Y	P	D	W	T	M	I	A	J	W	A	Z	K	A	K	N	Y
K	U	K	C	C	W	F	T	K	M	B	Y	M	Q	A	U	C	N	P
N	E	S	C	O	M	E	B	A	C	K	E	L	W	J	S	R	O	H
R	S	N	N	R	Y	Y	K	F	T	D	N	E	I	Q	S	W	L	D
B	E	G	I	S	Z	O	D	Q	F	U	H	X	Z	G	T	J	S	Y
U	M	W	I	W	L	M	A	K	E	A	W	N	B	G	R	B	T	B
R	E	N	W	H	G	N	B	N	F	R	K	B	E	J	A	I	I	K
G	N	R	E	K	Z	M	X	V	E	H	U	Z	I	V	H	L	L	Z
Q	T	Q	M	J	U	Z	Q	C	R	N	Q	R	F	Q	L	Q	V	T
J	K	S	S	U	N	E	G	N	N	I	S	H	A	P	U	C	Z	I
J	K	I	M	Q	A	N	V	P	G	F	V	D	L	H	N	E	I	E
Z	Y	D	U	J	H	I	Q	F	T	M	D	Y	L	G	G	D	T	K
S	S	M	C	P	C	C	J	W	J	R	H	S	L	T	K	P	W	R
Y	Q	A	J	B	R	S	I	S	R	R	B	O	M	W	V	D	O	E
H	C	J	C	L	S	Y	J	L	Q	Z	R	C	A	M	R	G	S	T
Y	H	L	F	J	Q	D	H	S	H	I	I	Q	C	J	J	G	C	I
W	V	G	O	T	M	J	U	V	E	E	D	S	R	O	J	W	H	E
A	N	T	H	I	X	X	Q	H	W	K	O	Q	V	P	O	Z	W	H
H	T	X	O	Q	H	L	O	X	Z	F	Y	R	V	K	Y	Q	U	L
B	S	W	S	P	I	I	U	F	J	I	E	D	F	C	G	S	N	L
I	G	X	T	Q	T	U	M	E	T	E	W	C	Q	A	H	A	G	W
J	O	F	V	F	G	G	J	Y	Q	Y	X	P	L	T	F	U	J	I
J	A	U	M	T	T	O	C	O	O	Y	S	T	V	Y	B	S	E	M

J	K	Y	F	U	T	W	R	Y	T	A	A	A	M	P	S	Z	A	D
I	V	P	T	W	W	Y	S	F	L	F	P	I	T	W	O	G	J	N
W	R	F	V	L	W	N	J	J	T	K	E	Z	A	J	R	H	Z	H
T	F	V	P	D	O	M	E	A	E	W	N	K	H	I	D	C	P	U
P	D	T	V	J	C	Q	R	K	N	Y	G	E	L	I	N	G	E	N
T	C	D	Y	N	T	X	I	S	C	S	H	P	Z	A	P	L	J	J
S	M	U	E	U	Z	S	E	A	B	O	Q	X	Q	W	D	L	R	G
Q	R	K	D	D	Z	U	I	L	X	O	L	F	E	M	W	C	E	O
H	V	W	N	D	J	E	F	W	D	X	K	H	X	M	E	M	T	U
H	W	F	Q	Q	O	L	B	R	D	V	O	I	O	L	H	R	T	T
G	G	Q	Z	V	W	T	E	F	I	N	U	V	R	R	G	R	U	U
J	E	N	Z	X	Z	S	U	P	I	E	C	A	B	U	F	R	N	S
A	V	S	U	U	E	E	G	L	U	N	D	O	P	U	G	L	G	G
S	O	Z	C	W	C	Q	A	X	A	P	S	E	N	S	I	E	P	R
P	M	O	U	H	H	Q	T	O	E	N	N	C	N	E	J	T	U	Y
I	U	V	H	M	E	C	F	M	V	I	A	D	W	H	A	Q	L	J
E	S	R	G	W	H	N	S	I	I	B	B	Z	H	N	E	K	M	Q
V	T	E	O	I	E	D	K	F	N	G	R	U	M	K	U	I	U	K
K	M	E	B	Z	O	R	Z	Y	U	U	Q	U	C	C	O	R	T	C
X	J	N	Z	N	N	X	Y	E	K	A	T	V	C	Z	Y	V	E	Q
Y	J	M	I	O	X	D	C	L	F	T	Q	L	P	O	M	V	Y	W
J	R	R	F	M	L	I	V	L	N	F	F	J	I	T	N	T	T	F
Y	H	A	W	P	X	F	K	G	E	N	U	S	S	M	P	G	N	Z
I	D	F	E	E	V	L	T	F	N	H	O	J	G	Y	F	T	J	X

16

ZUFRIEDENHEIT
AUFSCHWUNG
ANMUT
RETTUNG
GENUSS

GESCHENK
GELINGEN
NIVEAU
KURZWEIL
FROHLOCKEN

Lösung

J	K	Y	F	U	T	W	R	Y	T	A	A	A	M	P	S	Z	A	D
I	V	P	T	W	W	Y	S	F	L	F	P	I	T	W	O	G	J	N
W	R	F	V	L	W	N	J	J	T	K	E	Z	A	J	R	H	Z	H
T	F	V	P	D	O	M	E	A	E	W	N	K	H	I	D	C	P	U
P	D	T	V	J	C	Q	R	K	N	Y	G	E	L	I	N	G	E	N
T	C	D	Y	N	T	X	I	S	C	S	H	P	Z	A	P	L	J	J
S	M	U	E	U	Z	S	E	A	B	O	Q	X	Q	W	D	L	R	G
Q	R	K	D	D	Z	U	I	L	X	O	L	F	E	M	W	C	E	O
H	V	W	N	D	J	E	F	W	D	X	K	H	X	M	E	M	T	U
H	W	F	Q	Q	O	L	B	R	D	V	O	I	O	L	H	R	T	T
G	G	Q	Z	V	W	T	E	F	I	N	U	V	R	R	G	R	U	U
J	E	N	Z	X	Z	S	U	P	I	E	C	A	B	U	F	R	N	S
A	V	S	U	U	E	E	G	L	U	N	D	O	P	U	G	L	G	G
S	O	Z	C	W	C	Q	A	X	A	P	S	E	N	S	I	E	P	R
P	M	O	U	H	H	Q	T	O	E	N	N	C	N	E	J	T	U	Y
I	U	V	H	M	E	C	F	M	V	I	A	D	W	H	A	Q	L	J
E	S	R	G	W	H	N	S	I	I	B	B	Z	H	N	E	K	M	Q
V	T	E	O	I	E	D	K	F	N	G	R	U	M	K	U	I	U	K
K	M	E	B	Z	O	R	Z	Y	U	U	Q	U	C	C	O	R	T	C
X	J	N	Z	N	N	X	Y	E	K	A	T	V	C	Z	Y	V	E	Q
Y	J	M	I	O	X	D	C	L	F	T	Q	L	P	O	M	V	Y	W
J	R	R	F	M	L	I	V	L	N	F	F	J	I	T	N	T	T	F
Y	H	A	W	P	X	F	K	G	E	N	U	S	S	M	P	G	N	Z
I	D	F	E	E	V	L	T	F	N	H	O	J	G	Y	F	T	J	X

T	S	F	R	O	H	M	U	T	X	S	J	O	I	N	G	S	D	I
V	C	X	Z	H	S	D	Z	E	S	P	T	M	X	K	H	H	V	L
O	H	N	P	Y	S	L	L	Z	O	N	I	I	Z	F	C	R	D	Q
L	O	A	L	Q	A	F	E	X	P	U	C	W	M	G	C	R	Z	F
L	E	D	E	U	P	N	C	B	O	U	T	H	L	M	V	Q	A	W
E	N	M	B	Y	S	G	A	C	U	D	G	Q	V	K	U	P	K	X
N	H	U	E	H	Y	S	A	F	V	J	A	N	X	X	Y	N	J	F
D	E	X	N	J	V	J	K	G	O	U	Z	W	C	N	J	J	G	W
U	I	O	S	A	U	G	W	N	F	A	F	X	P	O	C	L	I	P
N	T	C	F	H	L	N	O	A	V	U	F	I	U	I	V	Z	M	H
G	K	X	R	F	Y	U	T	W	V	U	B	E	Q	A	F	F	V	A
U	F	G	E	O	G	U	Y	H	K	W	J	C	U	E	F	F	F	Q
X	L	A	U	G	T	T	V	C	T	J	C	G	W	N	B	Z	S	F
Q	A	B	D	A	C	G	N	S	G	A	A	D	Y	N	Z	W	G	Y
W	D	L	E	I	T	U	O	R	S	R	G	F	N	U	K	Y	Y	S
N	Z	E	M	F	T	N	P	E	K	N	W	N	A	M	D	V	T	I
U	V	A	S	R	X	E	V	B	L	E	D	U	I	Z	J	M	M	S
Q	T	L	D	N	J	G	O	E	W	E	D	M	D	I	N	H	G	O
B	Y	U	H	O	Z	O	I	U	W	N	U	H	J	Y	W	O	G	D
B	Q	V	Y	K	H	Y	T	Z	Y	J	T	A	G	T	T	C	D	C
T	U	F	E	O	S	Y	X	T	A	B	M	T	A	U	H	J	S	A
Z	Z	E	V	M	D	G	A	J	G	L	P	M	X	P	I	Z	X	B
U	E	E	C	U	J	T	P	W	O	L	A	W	Z	X	J	M	L	R
T	X	R	K	S	Y	J	M	H	U	Z	N	E	B	E	L	F	U	A

17

SCHOENHEIT
FROHMUT
GENUGTUUNG
JUBEL
AUFLEBEN
STIMMUNG
LEBENSFREUDE
SPASS
UEBERSCHWANG
VOLLENDUNG

Lösung

T S F R O H M U T X S J O I N G S D I

V C X Z H S D Z E S P T M X K H H V L

O H N P Y S L L Z O N I I Z F C R D Q

L O A L Q A F E X P U C W M G C R Z F

L E D E U P N C B O U T H L M V Q A W

E N M B Y S G A C U D G Q V K U P K X

N H U E H Y S A F V J A N X X Y N J F

D E X N J V J K G O U Z W C N J J G W

U I O S A U G W N F A F X P O C L I P

N T C F H L N O A V U F I U I V Z M H

G K X R F Y U T W V U B E Q A F F V A

U F G E O G U Y H K W J C U E F F F Q

X L A U G T T V C T J C G W N B Z S F

Q A B D A C G N S G A A D Y N Z W G Y

W D L E I T U O R S R G F N U K Y Y S

N Z E M F T N P E K N W N A M D V T I

U V A S R X E V B L E D U I Z J M M S

Q T L D N J G O E W E D M D I N H G O

B Y U H O Z O I U W N U H J Y W O G D

B Q V Y K H Y T Z Y J T A G T T C D C

T U F E O S Y X T A B M T A U H J S A

Z Z E V M D G A J G L P M X P I Z X B

U E E C U J T P W O L A W Z X J M L R

T X R K S Y J M H U Z N E B E L F U A

L H Z F O W T T O R P E Y N B I U W F
I D M S Y A S Z C B L V C C F B O D I
C P Q V R D E E S K T Y T E S H V G N
X K K J Y S D L C R O D N J L N N T Q
W K Z I L R E M M N T W S B F T F C T
Z N C I R K S A F D D X E T X C Z C J
G N U G I T S U L E B F J H T N F G N
V Z R M P J Y T P J I X F K N E N I I
K Y K Z S T K Y P N X Y S F R U Q B L
L E I S T U N G D B B C J W G N W L A
H O X L N X I E F C O Q C I A X A K U
E S A P J R N H I O U B D D E W Q T S
K C V Q H H T C V J C E W T H E K E G
W O L P M H H I J G I R D C C O R L E
H R Q I W G A I D R F W S S Y X I E L
Q H Z I P J L R F H M R T S J N A E A
S C U T P Q W E R C E X X S W S V N S
Y O G L U S B U Q B B W W L N T N Q S
I S S M D H W G E Z B R P S T U R U E
Y I C A Q I C U A M K R R M L J G A N
M Z Z B O S G S F V V A N A I Z O V H
D E K G B K C U K F L G U A S O W O E
G I N F B E J W N D M X Y K N U E R I
E V T O I A G B C G J E K S T A S E T

BELUSTIGUNG
EKSTASE
GUNST
HULDIGUNG
LEISTUNG

SCHUTZ
UEBERSCHWALL
WOHLBEFINDEN
BEFRIEDIGUNG
AUSGELASSENHEIT

Lösung

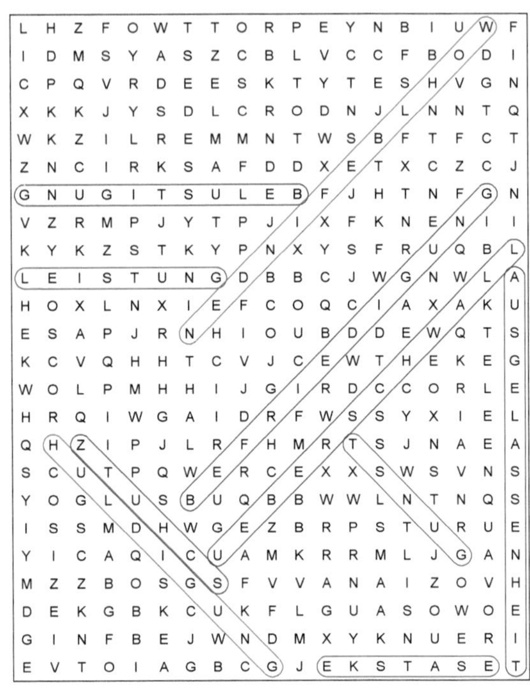

L	H	Z	F	O	W	T	T	O	R	P	E	Y	N	B	I	U	W	F
I	D	M	S	Y	A	S	Z	C	B	L	V	C	C	F	B	O	D	I
C	P	Q	V	R	D	E	E	S	K	T	Y	T	E	S	H	V	G	N
X	K	K	J	Y	S	D	L	C	R	O	D	N	J	L	N	N	T	Q
W	K	Z	I	L	R	E	M	M	N	T	W	S	B	F	T	F	C	T
Z	N	C	I	R	K	S	A	F	D	D	X	E	T	X	C	Z	C	J
G	N	U	G	I	T	S	U	L	E	B	F	J	H	T	N	F	G	N
V	Z	R	M	P	J	Y	T	P	J	I	X	F	K	N	E	N	I	I
K	Y	K	Z	S	T	K	Y	P	N	X	Y	S	F	R	U	Q	B	L
L	E	I	S	T	U	N	G	D	B	B	C	J	W	G	N	W	L	A
H	O	X	L	N	X	I	E	F	C	O	Q	C	I	A	X	A	K	U
E	S	A	P	J	R	N	H	I	O	U	B	D	D	E	W	Q	T	S
K	C	V	Q	H	H	T	C	V	J	C	E	W	T	H	E	K	E	G
W	O	L	P	M	H	H	I	J	G	I	R	D	C	C	O	R	L	E
H	R	Q	I	W	G	A	I	D	R	F	W	S	S	Y	X	I	E	L
Q	H	Z	I	P	J	L	R	F	H	M	R	T	S	J	N	A	E	A
S	C	U	T	P	Q	W	E	R	C	E	X	X	S	W	S	V	N	S
Y	O	G	L	U	S	B	U	Q	B	B	W	W	L	N	T	N	Q	S
I	S	S	M	D	H	W	G	E	Z	B	R	P	S	T	U	R	U	E
Y	I	C	A	Q	I	C	U	A	M	K	R	R	M	L	J	G	A	N
M	Z	Z	B	O	S	G	S	F	V	V	A	N	A	I	Z	O	V	H
D	E	K	G	B	K	C	U	K	F	L	G	U	A	S	O	W	O	E
G	I	N	F	B	E	J	W	N	D	M	X	Y	K	N	U	E	R	I
E	V	T	O	I	A	G	B	C	G	J	E	K	S	T	A	S	E	T

DAS

BIBELVERSE

WORTSUCHRÄTSEL BUCH

E I N E M S G K E M I I G Z C W P Y S
P C R W N L O I P M Z Y J T U O Y D U
Q Y V I A W F U A B U K C Y K B C Q A
U D Q U T F R N J N V S G Z B S V S O
N X B M H U R X E B E L X R Z V F K W
Z E E O D R M K W W R D H O Z H S B X
J O K P C O Y E F N S Y O K E U I G H
X W B O B V Z K D L I V F Y E Y E L U
D A Q H Q P X R J E C J F Z Y V H Y U
W S F E D E R C G F H R T E I S T T Z
F N D G M T P L A I T U W O A V S I V
I J I O M S Y G L E C M U Z K M C K E
W C W C Z I T P C W H A R J J U N D A
Z A B S H C J E S Z H Z N Y F P P U B
M O S Z U T S J E T G B B N O B G O E
G A X T R A Z I Y H J A N V Q T K P R
D E L C N B N D E C X P N R B S K Q Y
E J K M A N S U B I W Q J C R C C U K
X O O Q A B D M I N D N I V S T J O P
T G V M U Z F S E E W U W K T I V A F
S V A U Q Y X O S C E Z F E S T E Q H
C Y E V T K N S L C I I S E Y P R F L
G X G V Y R E S G D J N W J P E C F Q
C Y D O B N Z Y T W N H X J O X X R P

1

Hebräer 11:1

ES
IST
ABER
DER
GLAUBE
EINE
FESTE

ZUVERSICHT
DESSEN
WAS
MAN
HOFFT
UND
EIN

NICHTZWEIFELN
AN
DEM
WAS
MAN
NICHT
SIEHT

Q	G	L	D	P	O	S	U	P	G	M	A	J	F	J	G	O	A	T
L	H	L	U	N	D	B	E	Y	H	I	V	F	M	F	I	M	O	K
B	D	E	I	N	S	Q	U	U	S	A	W	N	S	F	G	Z	P	Z
M	G	U	R	B	A	O	C	T	Y	X	T	L	P	F	R	A	C	G
L	K	G	W	Z	E	B	Q	U	S	E	S	M	A	L	P	K	U	V
L	P	O	E	G	R	U	R	G	I	T	M	M	A	P	L	W	S	D
J	W	I	L	X	B	A	Q	J	L	B	M	A	A	D	P	G	Q	C
H	L	F	L	P	I	F	S	O	H	L	I	O	J	T	R	E	P	E
A	F	Z	E	O	G	J	P	Z	Y	D	N	Y	H	S	P	Y	L	F
S	D	O	U	U	G	J	E	W	M	V	R	Y	V	S	H	W	V	W
E	T	Y	F	M	D	R	D	Y	G	M	O	X	T	I	M	N	D	A
R	B	Q	R	J	V	B	D	E	A	S	V	R	C	Z	I	R	R	S
T	R	R	E	C	B	P	S	L	B	E	U	A	H	Y	V	L	P	W
A	F	C	M	H	E	W	M	B	H	S	S	B	U	G	F	D	X	M
O	O	N	E	G	Z	F	W	B	W	P	T	O	P	W	N	E	D	S
M	J	I	C	P	F	U	Q	A	A	R	G	C	L	P	U	G	R	R
N	R	U	B	A	L	E	U	C	V	E	W	R	M	R	G	Q	W	M
B	T	G	R	A	M	U	R	V	G	B	B	Z	C	X	W	C	B	B
W	A	H	K	K	S	H	Q	I	G	E	W	X	M	B	Y	W	B	E
D	H	T	N	E	K	C	E	S	D	G	B	K	M	P	A	Z	F	G
W	P	V	L	I	V	A	H	T	E	X	O	V	Y	D	C	K	H	E
X	C	L	G	G	C	G	P	E	F	S	K	B	V	Z	S	F	H	H
N	A	I	D	I	R	L	W	M	H	H	Z	L	W	U	H	P	V	R
F	B	X	Q	F	G	S	U	C	K	W	I	G	S	I	I	G	E	T

Psalm 20:5

ER
GEBE
DIR
WAS
DEIN
HERZ
BEGEHRT

UND
ERFUELLE
ALLES
WAS
DU
DIR
VORNIMMST

L	W	P	L	Q	D	T	V	G	Y	Y	I	L	E	K	T	Q	E	Q
K	R	X	X	V	T	S	T	Z	A	D	O	W	Z	R	A	K	A	K
M	X	Q	F	K	F	B	T	Y	E	Y	O	O	E	M	J	C	J	S
K	J	K	C	G	L	B	M	X	M	U	B	G	K	N	R	F	R	F
K	B	Z	B	M	U	R	R	N	A	H	R	X	P	X	F	Q	K	U
M	U	O	Q	R	Z	X	W	Q	V	A	U	E	K	X	Y	I	J	H
J	U	K	I	M	Q	T	M	O	Y	G	S	T	W	R	K	H	N	D
K	V	L	Q	O	D	G	P	S	S	H	M	H	P	W	E	G	F	Q
X	E	A	C	N	I	S	X	X	J	Z	N	I	N	C	L	K	E	P
B	S	Q	J	D	Q	J	Y	R	R	R	W	G	R	Z	C	T	B	K
P	J	J	U	T	L	P	P	Y	S	E	X	W	M	Q	O	M	E	Q
Z	U	J	D	I	N	G	E	S	R	V	D	A	B	S	S	K	I	Q
G	T	I	H	A	H	G	T	U	W	A	L	A	Y	K	Z	G	L	H
O	A	M	R	W	W	H	O	G	G	H	L	D	D	A	U	H	Q	B
H	L	Q	I	V	N	P	J	L	C	T	U	L	C	R	O	N	L	L
W	K	X	J	L	U	T	R	L	X	A	C	R	E	M	X	U	P	H
J	X	Q	Z	K	Q	G	E	P	M	W	M	H	S	G	H	Y	K	I
Y	H	S	X	O	N	M	L	G	A	T	H	E	D	X	Q	Z	I	H
D	N	E	H	E	H	C	S	E	G	O	U	O	O	S	X	S	A	D
B	B	U	L	B	I	S	H	S	V	K	S	K	X	U	N	V	W	B
F	V	K	G	A	F	Q	E	C	E	I	R	T	S	R	K	K	G	R
J	O	C	N	B	S	X	Z	C	V	O	Y	R	P	X	J	V	Y	V
C	F	T	T	Z	T	S	P	E	K	J	B	D	J	A	V	H	J	B
U	O	P	I	W	B	E	T	B	X	T	W	M	F	Y	V	V	O	L

1 Korinther 16:14

ALLE
EURE
DINGE
LASST

IN
DER
LIEBE
GESCHEHEN

4

1 Thessalonicher 5:16-18

SEID
ALLEZEIT
FROEHLICH
BETET
OHNE
UNTERLASS
SEID

DANKBAR
IN
ALLEN
DINGEN
DENN
DAS
IST

DER
WILLE
GOTTES
IN
CHRISTUS
JESUS
FUER

EUCH

S	S	T	N	W	Y	P	G	M	P	X	Q	X	K	S	L	Z	G	P
P	P	J	O	S	Y	U	H	C	C	F	S	P	O	T	B	E	M	J
E	N	M	M	E	Z	I	Q	A	S	E	D	J	G	N	N	S	H	H
F	E	E	T	K	T	B	A	N	C	O	Y	J	O	U	Q	S	Y	L
E	D	D	T	S	O	S	L	Z	A	C	E	G	G	W	J	Y	Q	U
F	E	Z	U	I	E	A	U	Y	D	G	D	T	L	H	F	M	G	Y
Z	U	F	K	A	I	Q	D	E	H	H	N	F	R	H	G	I	L	U
F	M	N	K	U	B	C	M	U	P	H	U	K	S	M	R	I	I	J
N	E	D	N	E	G	E	O	M	R	E	V	N	U	K	B	U	A	G
H	L	K	T	M	A	A	V	B	O	D	V	O	H	G	N	B	T	O
R	T	Z	M	Q	C	E	M	J	O	R	B	E	V	F	A	X	W	D
J	K	M	E	C	W	R	S	U	D	D	T	E	Z	U	I	F	R	X
L	Z	T	G	P	T	Q	Y	P	U	M	F	G	I	C	N	K	W	T
D	F	R	I	A	O	R	V	I	M	M	X	F	S	G	U	I	J	J
H	V	Y	X	I	F	E	P	S	C	J	O	T	H	K	J	L	D	B
R	T	Z	N	S	A	P	M	E	P	G	A	A	A	D	P	N	A	F
K	A	J	R	H	V	D	A	B	P	E	W	Z	E	E	T	P	O	N
L	L	T	V	P	Q	Z	W	Q	R	L	R	W	P	H	H	W	H	U
T	G	W	Z	Z	F	X	K	K	A	M	V	J	S	I	A	B	S	Q
W	F	T	D	K	V	V	E	U	E	B	Q	S	G	V	W	Q	W	P
H	S	A	P	O	L	K	O	C	M	V	E	J	T	B	B	A	E	P
M	E	D	R	U	C	H	S	P	D	Q	Q	Z	T	M	V	F	E	T
T	B	I	G	K	W	U	X	G	V	S	A	E	Y	A	P	L	Y	N
D	B	R	J	H	U	E	F	B	R	U	W	Y	R	B	J	V	W	O

5

Jesaja 40:29

ER
GIBT
DEM
MUEDEN
KRAFT

UND
STAERKE
GENUG
DEM
UNVERMOEGENDEN

L J T P M S V J F P V G E H N G C E M
E Y D U X D W K Y C V C S P R L X O S
A U Y N B Q N J F X Z E X Z C A R N S
O L I L D L E Q V B M Y Y A J U M I A
B U L K N W D K B D J E H H Q B F R D
U E T E U B R O K C B M M J J T A M R
C S T L S Y E W E B A P O R W G S U N
J J C E T I W Z B K L F H J S Q Z O R
G W P K T H L P R U N A T C E P N C X
Z T Z I C R I C J S R N H N W A S Z Q
D L K C D S E M J T V G E T M U Y N T
R A T H T P T Y N Z P T T A L B Q Q Z
J T H H N P U C D Z D T Y Q Q X B S K
U A L E P V Z D T A Y W U S Q C K W U
H Z B T E W B Q R B L W Z X C S N C H
V X U V W S E U V J I Q N Y L K X L R
X J U T T B M W C E U T A C U X S F I
P S V B T T R V M G H T T J M J Q H B
W H K Z H M O S V A E L Q E V F T Y Y
I U E U C H D Z U S E P C M T T F R P
H P Q S L R V O W M P H E X G N N Z U
R O O Y I M H F I W S B U S Z O C M A
Z O H W F T R C N A O O C S Q R R C V
V V P G K U K T P N J P H Y Y B V J N

6

Markus 11:24

DARUM
SAGE
ICH
EUCH
ALLES
WAS
IHR
BETET
UND
BITTET
GLAUBT
NUR
DASS
IHRS
EMPFANGT
SO
WIRDS
EUCH
ZUTEILWERDEN

F	W	N	I	H	X	Q	Y	U	J	C	T	C	D	N	C	T	T	M
A	X	A	T	H	N	G	S	G	H	U	W	C	I	X	A	I	E	D
J	F	Q	J	L	Y	P	X	S	R	U	Q	C	E	S	M	I	F	G
E	G	I	H	X	M	J	V	W	I	U	H	V	T	C	N	L	G	D
E	D	J	A	D	D	B	N	X	B	T	Q	X	A	Q	J	O	J	P
Z	C	V	T	Z	L	F	N	E	E	E	F	Y	K	C	T	T	E	X
Q	O	Q	V	D	C	L	Y	T	B	F	Q	O	G	T	I	O	D	J
J	T	O	O	E	B	R	A	H	G	Y	L	E	B	K	H	Y	E	I
J	R	M	E	Q	A	H	Z	Y	K	Y	L	Q	W	A	O	I	R	W
Z	S	M	I	J	U	E	S	N	V	U	A	Q	N	E	N	I	E	L
E	X	W	V	N	S	Q	R	E	U	B	P	W	L	H	K	I	J	K
V	P	C	B	E	P	I	F	M	A	N	L	I	A	Y	C	E	C	I
T	X	I	P	H	R	D	M	M	L	W	W	C	F	N	J	I	E	H
Z	Z	V	S	C	C	N	C	O	S	L	A	I	B	R	N	X	S	Y
T	W	G	A	I	J	X	S	N	F	L	K	B	L	J	E	E	F	D
K	B	T	L	L	J	W	H	E	Z	I	K	R	W	L	Q	B	D	C
Y	W	Y	N	H	N	C	Y	G	J	E	O	Z	M	Q	E	Y	E	H
J	Q	E	E	E	K	Z	Q	R	K	B	C	X	X	D	W	N	Z	G
V	J	V	Z	O	P	E	O	O	V	I	C	V	D	I	F	O	W	C
D	M	S	R	R	Z	E	S	V	R	G	B	H	E	G	C	M	A	K
R	T	R	E	F	U	O	R	O	G	Y	D	M	C	W	P	I	N	B
A	Q	H	H	A	T	Z	E	Q	D	F	W	V	X	E	K	B	G	H
O	X	V	A	J	C	Z	G	U	M	E	Z	V	U	F	M	H	T	Y
M	S	U	T	R	T	B	P	P	R	K	R	E	A	T	V	F	Z	S

7

2 Korinther 9:7

EIN VORGENOMMEN ZWANG LIEB
JEDER HAT DENN
WIE NICHT EINEN
ERS MIT FROEHLICHEN
SICH UNWILLEN GEBER
IM ODER HAT
HERZEN AUS GOTT

S	A	W	K	Y	R	E	Z	D	U	Q	H	G	B	X	T	D	Q	X
V	F	O	S	B	N	O	U	P	I	H	P	O	P	J	R	I	H	F
Z	N	L	I	B	D	S	V	M	Y	E	Y	B	J	D	L	W	O	M
U	X	L	J	O	N	E	N	L	H	X	Z	H	Y	V	O	Q	E	E
V	W	W	V	C	T	B	F	S	I	I	M	C	D	W	D	R	R	N
E	X	S	E	I	S	T	H	Z	C	N	E	U	I	M	E	H	T	I
R	N	N	L	E	N	R	I	W	E	U	B	L	A	W	G	P	Y	E
S	I	Y	Q	G	V	R	E	D	E	N	L	M	I	X	J	J	B	S
I	Z	P	W	H	S	E	J	U	G	E	V	K	V	I	C	L	H	J
C	V	W	W	X	R	K	D	N	N	U	R	Y	H	R	W	C	P	S
H	C	H	A	L	F	A	O	S	R	L	T	I	W	T	A	W	X	A
T	L	T	D	S	U	K	J	L	I	D	X	X	W	N	B	G	U	J
B	E	D	C	Q	Q	F	E	A	Q	L	E	M	Q	I	K	W	U	H
L	R	P	J	K	V	X	L	T	W	A	B	M	T	O	Z	Q	L	A
W	R	J	Z	E	I	J	Q	D	M	O	Q	T	O	O	W	P	N	G
D	P	I	S	N	N	R	Q	Q	Z	E	E	F	U	S	G	H	M	Z
G	R	E	D	N	E	R	I	Z	R	N	D	T	X	O	K	F	X	E
I	T	L	X	E	K	P	Y	C	C	N	F	F	A	N	E	U	F	F
A	I	C	D	W	O	T	Q	J	U	G	Y	R	F	Z	E	L	L	K
T	Y	H	W	H	I	Q	P	H	V	O	T	Y	B	E	S	A	U	X
K	N	J	M	C	P	E	W	M	G	T	S	A	W	T	E	A	U	X
F	T	W	J	R	R	H	W	Y	S	W	X	I	V	B	R	N	T	I
Y	A	S	T	E	W	S	M	V	V	I	L	T	O	U	M	E	I	B
V	Y	G	Y	W	J	V	N	O	V	F	V	W	S	D	A	S	M	Q

8

1 Johannes 5:14

UND
DAS
IST
DIE
ZUVERSICHT
MIT
DER

WIR
VOR
IHM
REDEN
WENN
WIR
UM

ETWAS
BITTEN
NACH
SEINEM
WILLEN
SO
HOERT

ER
UNS

I	E	V	Y	B	R	B	P	O	F	W	S	X	Y	R	R	K	E	X
I	R	M	Y	N	C	W	Q	O	T	Q	Z	B	K	S	V	I	P	G
F	O	H	H	C	K	E	F	Q	D	G	O	Z	V	L	X	E	A	U
Q	T	G	G	I	Z	R	H	T	W	Y	B	V	I	I	M	J	B	M
K	E	R	U	H	B	G	U	W	K	H	R	T	X	W	R	A	D	Y
C	Y	A	U	Z	S	B	U	O	K	I	Y	P	S	S	W	H	I	X
E	M	K	S	E	T	O	N	W	K	B	G	S	D	G	P	W	H	V
V	I	R	S	T	B	U	I	M	E	U	F	U	Y	Q	R	A	W	Z
R	G	H	E	T	L	S	T	Y	M	V	M	E	N	X	V	L	M	Z
Z	O	M	C	J	L	A	A	Z	K	U	X	N	L	R	T	P	D	N
R	I	J	M	I	N	O	Z	L	H	G	D	Z	Z	T	E	B	E	G
B	I	C	O	M	L	N	I	N	S	C	I	N	T	S	B	W	A	H
O	M	Q	I	J	I	H	H	V	Y	J	I	Z	H	R	N	Z	K	O
K	Q	K	M	U	T	P	E	Q	X	O	J	L	L	Z	Y	Y	F	P
R	G	S	F	B	D	N	O	O	U	D	P	L	R	U	L	W	F	W
D	N	Z	G	M	U	I	N	S	R	J	S	S	T	R	K	O	I	H
Q	U	G	T	N	D	M	W	D	U	F	O	L	B	N	A	P	H	K
I	N	Y	J	Y	L	I	L	Z	L	N	V	R	N	R	O	H	L	O
Q	F	N	A	Q	C	U	V	W	C	H	P	D	I	R	L	Z	E	I
M	F	U	Z	N	Z	G	H	A	H	G	I	D	L	U	D	E	G	B
H	O	O	T	J	K	T	Y	H	V	E	K	O	R	L	P	X	D	Q
D	H	J	E	I	S	E	B	Y	S	R	O	U	X	G	R	W	K	G
E	G	G	A	V	S	Y	R	C	Q	O	Q	Y	U	G	Y	S	P	E
Y	X	H	Q	Q	R	P	U	I	L	X	K	W	T	V	Y	M	P	M

Römer 12:12

SEID
FROEHLICH
IN
HOFFNUNG
GEDULDIG

IN
TRUEBSAL
BEHARRLICH
IM
GEBET

R	Z	O	J	M	E	X	Q	Q	I	X	A	O	Q	O	H	U	X	E
N	Y	L	O	D	O	A	B	H	N	E	D	D	O	N	K	T	Q	R
R	Z	D	S	T	V	O	B	H	K	U	F	L	K	T	Z	H	M	J
E	R	U	F	P	R	J	N	E	A	E	T	X	G	X	T	I	M	Z
D	X	L	Q	X	H	R	A	G	H	I	O	O	U	W	I	Y	N	Q
N	S	L	V	H	C	G	V	J	A	N	J	F	T	Y	T	D	S	Z
A	Y	L	T	G	B	D	N	U	O	R	C	Q	F	W	O	B	E	F
Z	T	Y	D	I	Q	V	K	U	C	V	U	B	A	D	H	R	K	S
W	K	O	J	X	P	R	L	K	W	B	J	M	D	D	T	P	U	K
T	Y	N	V	C	H	Z	I	Q	P	X	N	Q	V	R	X	F	Z	L
F	G	L	C	K	U	C	J	T	V	F	A	Z	A	W	L	F	Q	O
G	Q	O	A	R	T	A	L	E	J	E	W	G	G	S	V	T	L	E
R	L	D	W	F	H	C	W	I	Y	I	T	D	C	R	E	L	L	A
J	R	N	L	M	H	G	H	T	S	G	P	Q	E	H	R	V	F	G
O	M	A	N	Y	Y	F	L	Q	U	T	B	A	K	M	L	K	S	Z
R	U	J	L	G	O	W	T	C	F	M	F	E	K	R	U	L	V	L
J	B	A	K	W	B	G	G	F	H	Y	T	G	G	D	O	T	Q	F
Z	R	L	H	X	W	X	A	V	E	Y	R	F	E	Y	E	C	D	O
Q	N	T	Y	C	C	Y	S	Y	N	Q	E	E	N	D	Z	W	C	S
M	E	I	W	H	J	K	F	F	L	R	N	T	B	A	U	F	T	H
X	D	C	I	Q	I	Q	F	U	G	D	I	W	M	E	S	L	X	M
H	R	X	J	D	F	U	M	U	Z	W	E	K	C	N	I	M	D	Z
Q	B	T	O	H	G	Z	D	U	X	D	N	Z	N	I	N	L	W	I
V	R	X	C	Z	G	C	B	E	N	H	N	C	S	D	T	A	O	D

Epheser 4:2

IN
ALLER
DEMUT
UND
SANFTMUT

IN
GEDULD
ERTRAGT
EINER
DEN

ANDERN
IN
LIEBE

P	B	X	P	C	Y	L	I	Z	N	C	P	P	T	T	E	U	O	B
B	J	J	C	N	L	L	Q	L	P	X	P	I	Z	Z	H	S	C	M
Y	W	M	K	P	F	G	R	O	E	S	S	T	E	L	D	J	V	L
Y	D	R	E	I	B	L	E	I	B	E	N	V	Q	B	A	M	X	V
O	Z	P	C	J	U	F	F	E	K	M	R	T	G	J	R	H	A	Z
T	X	N	F	G	L	A	G	A	R	M	S	E	Z	U	Y	F	D	Q
W	M	Z	D	S	X	C	C	O	B	V	M	K	N	A	C	C	X	G
X	J	Y	R	L	T	R	S	M	U	S	R	D	T	U	I	I	M	A
T	Q	B	S	R	V	O	Q	M	W	P	W	V	X	T	A	I	N	R
X	L	F	J	E	Y	L	P	P	Z	H	M	Z	Y	I	B	R	W	O
E	M	A	B	E	R	H	K	Z	X	Q	T	U	U	P	Y	Q	Y	I
A	N	F	D	Z	H	S	V	X	D	V	E	F	Q	H	W	I	S	J
W	O	I	E	G	O	C	M	I	I	Y	U	I	X	G	H	Z	C	T
W	X	I	E	J	W	Q	A	N	U	N	U	I	J	N	T	K	L	H
Z	Z	V	A	J	L	P	U	M	X	W	X	L	I	U	D	N	X	I
W	O	R	K	M	I	F	V	W	M	X	Q	C	V	N	B	L	D	L
A	E	M	Z	Q	E	I	L	S	W	R	V	X	K	F	M	I	R	N
K	M	W	U	N	B	N	Y	Z	W	G	W	S	H	F	I	E	U	R
N	R	E	B	A	E	X	M	D	Z	G	Z	N	X	O	G	B	N	R
I	R	H	O	N	R	Q	M	A	K	S	N	N	N	H	C	E	T	V
T	J	S	H	M	P	K	H	E	S	E	I	D	Z	R	C	C	E	I
U	N	I	T	S	B	S	X	C	M	D	D	K	P	T	F	T	R	W
S	L	S	L	B	Q	E	I	D	E	A	I	G	L	A	U	B	E	I
R	I	B	L	N	O	E	K	W	B	F	P	E	F	H	A	F	D	C

1 Korinther 13:13

NUN
ABER
BLEIBEN
GLAUBE
HOFFNUNG
LIEBE

DIESE
DREI
ABER
DIE
LIEBE
IST

DIE
GROESSTE
UNTER
IHNEN

Q Z V M K J C W C Z P A T V B D H M O
M J H O C N D Z K R G S F C M P A L C
D Q R T J T E O Z G Z L Y G T T W D U
U E H L E W G Q D I N G E D F N V V M
E X T T S D J E O L Y Z H H L Q K Z N
D W M H U L X M L J M W M D U Q N U O
N C U S S U X X H O H H Q G V R R N H
W H M Z W G N P E A O C G S V E W I D
I X C S O S A G S T W C M Q T D X Y W
A X B D A G L H Y R O W L A I T S B S
C F R U C I N N O P X Q Z O Z P L F U
K M L L C I N K R Y U D A C R M E D F
R U S H K E W Z O L M D F A R D N I S
K J D N W N L D G B S I C I C S S N C
Y F C T U H Y F G D E H Z H V A F Y P
T Y O D T F F Q J F N X P G E V T Q H
I S I A K S P M K X J I T Q L J N I B
A B L P G Y N J H Z K A P T E M Q R V
A U W Z I D Q N L I T E F B L F K U H
C O A K P X N G A I V W K U L P R X V
Q G Q D Y Q D E O K M P T A A E D I R
T C S C P M N R S R J B P L R B J E K
L K M I L B K W H J F D S G J O B H F
O K E Z I M D U F D B N P O Y A B N V

12

Markus 9:23

JESUS
ABER
SPRACH
ZU
IHM

DU
SAGST
WENN
DU
KANNST

ALLE
DINGE
SIND
MOEGLICH

DEM
DER
DA
GLAUBT

M	P	T	Q	F	H	O	G	F	Y	T	R	P	L	S	R	R	N	K
R	M	G	S	D	G	E	V	E	V	J	G	Q	R	L	D	Z	R	E
H	W	E	X	I	P	E	R	C	C	G	X	C	Z	S	Q	E	Q	I
K	S	W	X	C	R	R	M	Z	E	C	A	H	L	S	D	E	T	R
L	A	S	Y	G	D	L	U	S	L	N	Z	N	E	N	V	L	A	L
N	W	A	E	X	Q	I	K	W	R	I	U	I	A	Q	M	C	H	M
G	L	B	M	V	C	F	W	I	W	A	C	N	H	I	T	E	H	H
H	E	H	T	H	D	B	X	G	B	V	I	H	B	F	S	J	A	L
N	U	R	T	S	R	E	N	I	E	E	E	Y	N	Z	N	R	S	S
X	L	X	V	Y	H	Z	V	D	R	Z	J	W	I	E	A	Z	X	J
L	Q	A	M	O	I	Z	N	E	G	H	U	D	M	V	N	Y	U	X
Z	A	G	E	H	R	Z	T	O	I	Y	C	I	E	J	P	T	I	J
A	U	N	D	F	S	N	T	M	X	P	D	R	G	P	N	Y	Q	S
C	J	C	N	W	U	T	A	V	S	T	G	P	A	Y	V	Z	Y	A
C	S	E	I	D	G	J	R	N	H	E	D	X	G	O	E	A	C	Z
Z	L	Y	V	K	D	E	M	C	B	E	F	I	I	P	U	A	U	P
K	Z	A	M	R	B	D	U	T	Z	G	W	Z	Z	S	C	X	C	G
A	E	E	N	A	A	A	N	C	S	U	T	S	I	R	H	C	U	G
M	K	K	W	H	U	P	A	E	Y	S	U	I	D	L	I	X	M	H
Y	V	E	U	T	J	N	X	A	L	V	N	K	K	B	O	Y	H	S
E	C	A	D	M	D	Y	Q	J	S	A	D	Y	C	U	K	X	C	W
W	N	K	H	E	J	V	V	B	Q	A	I	J	X	Q	H	K	W	X
N	M	O	R	O	G	D	A	N	A	H	M	A	G	U	Z	X	W	V
B	K	N	B	T	E	D	F	R	E	U	N	D	L	I	C	H	H	U

13

Epheser 4:32

SEID
ABER
UNTEREINANDER
FREUNDLICH
UND
HERZLICH
UND
VERGEBT
EINER
DEM
ANDERN
WIE
AUCH
GOTT
EUCH
VERGEBEN
HAT
IN
CHRISTUS

O	L	X	L	K	X	E	B	D	K	T	W	O	T	R	B	C	S	O
K	I	T	F	L	E	H	E	M	O	O	O	I	E	C	K	H	I	M
S	B	C	E	R	R	R	B	T	E	E	E	D	I	W	Q	X	K	C
Q	U	B	R	T	Q	U	B	K	G	K	U	U	D	Q	W	K	C	W
O	E	E	J	U	P	N	N	I	G	A	L	C	N	C	L	O	T	B
N	N	F	O	Z	W	D	M	I	R	E	J	O	K	M	H	O	N	Y
O	F	H	U	L	J	O	T	A	W	S	R	H	L	Q	V	S	T	W
Z	N	I	G	Q	A	H	X	Q	F	F	G	H	C	D	W	E	S	L
C	Q	W	O	N	C	T	O	I	Z	X	E	U	E	A	F	Z	L	Q
A	Z	M	Q	E	Z	R	Z	D	T	L	R	F	N	C	N	B	O	I
A	M	S	R	P	U	M	Y	P	C	N	E	P	N	D	Z	Y	E	S
E	W	E	V	V	D	H	P	J	Y	E	C	T	I	I	W	Q	B	W
O	G	Q	O	P	R	T	O	O	Z	G	H	F	E	S	Y	E	O	X
G	J	M	N	A	P	E	T	L	A	D	T	N	S	D	T	V	O	T
X	Z	O	K	B	S	N	A	P	U	F	I	V	G	E	N	S	I	D
Q	U	G	G	M	F	F	R	K	M	J	G	P	U	H	I	I	S	L
B	E	R	H	W	B	E	G	P	P	Y	K	G	I	D	X	G	F	V
V	F	I	V	H	W	H	T	K	W	K	E	Z	P	D	H	Y	J	P
R	Y	C	E	D	R	U	L	D	V	S	I	S	F	V	I	S	E	Z
M	T	M	R	Q	M	Y	W	Q	D	Y	T	C	J	I	V	L	S	C
N	N	M	S	C	J	F	I	E	C	C	Q	H	Z	Y	J	U	W	N
O	Z	C	F	X	A	L	R	X	D	E	P	U	Z	Q	W	A	K	H
S	X	M	S	A	N	S	K	W	J	U	A	S	L	S	F	E	Z	R
R	K	B	Z	Q	H	N	H	U	U	C	I	O	X	Z	N	K	Q	D

Sprüche 21:21

WER
DER
GERECHTIGKEIT
UND
GUETE
NACHJAGT

DER
FINDET
LEBEN
GERECHTIGKEIT
UND
EHRE

D	Z	O	R	E	R	A	B	S	S	A	F	N	U	U	X	A	Q	T
S	H	N	K	P	N	B	T	K	A	P	M	J	G	J	T	I	H	F
I	C	F	E	C	E	N	O	V	L	O	I	R	S	S	F	K	G	E
D	I	A	S	N	W	I	F	D	N	A	O	V	B	Y	U	E	P	E
U	M	L	N	R	E	C	N	K	R	S	W	G	L	N	B	D	H	H
R	M	L	Q	T	U	D	F	P	S	M	W	E	D	L	M	O	I	U
S	P	I	K	O	W	F	N	E	H	T	L	T	A	F	J	D	S	R
P	B	W	X	P	B	O	E	S	V	Z	U	B	J	E	X	L	E	X
S	N	N	V	X	W	M	R	V	R	N	D	T	K	C	E	G	D	A
F	E	E	P	J	Q	H	T	T	V	D	B	A	G	L	N	K	Y	N
N	S	M	O	J	U	T	X	U	E	E	H	A	V	I	V	M	E	H
U	D	G	V	S	X	B	W	Z	Q	N	P	G	D	D	G	U	Z	D
Q	A	M	F	O	D	D	Z	T	C	H	T	P	F	B	E	T	X	Z
G	Q	D	N	U	U	E	B	R	R	B	S	M	M	W	J	X	R	S
Z	W	M	T	L	I	H	C	I	N	O	N	Z	O	D	G	E	K	A
W	E	O	K	P	U	W	Q	F	D	M	C	C	W	W	G	N	A	F
Q	C	B	E	X	P	E	I	C	T	C	S	R	S	H	T	W	B	O
P	W	O	C	Q	A	I	A	D	L	L	J	C	N	R	Q	S	Y	Y
X	I	Y	V	E	W	S	C	V	L	O	Y	Z	D	C	T	Y	D	O
D	H	H	I	G	F	S	Z	I	C	Q	Q	H	G	H	W	W	N	A
H	E	F	R	E	T	T	W	V	A	T	W	F	C	F	U	M	U	O
T	P	E	I	O	Z	Y	C	Q	M	L	Y	I	P	Z	U	F	L	X
A	Y	T	D	F	B	I	B	E	J	Y	N	J	W	D	B	F	F	N
R	W	Q	G	X	M	O	F	U	L	L	X	N	Q	L	R	I	D	H

15

Jeremia 33:3

RUFE	ANTWORTEN	UNFASSBARE
MICH	UND	DINGE
AN	WILL	VON
SO	DIR	DENEN
WILL	KUNDTUN	DU
ICH	GROSSE	NICHTS
DIR	UND	WEISST

X	U	W	Y	L	R	V	Q	T	R	C	G	Z	E	P	T	O	I	F
G	A	I	O	J	D	N	G	H	K	A	W	E	W	K	Z	D	N	U
J	L	H	R	V	K	C	Q	V	W	D	R	M	S	E	L	B	S	T
G	W	Z	O	G	T	V	U	J	J	O	P	W	G	P	Y	Y	S	O
O	J	M	L	E	C	F	J	M	Y	S	E	P	I	S	O	Y	K	U
Y	O	Q	Z	L	R	P	A	F	B	E	T	R	U	E	G	T	Q	U
I	S	A	U	M	F	E	B	C	T	I	K	N	Z	Y	I	A	R	A
Y	Z	T	C	Q	W	L	R	C	L	A	N	K	W	L	G	P	O	S
Q	M	P	R	V	T	J	J	R	W	O	R	T	S	W	T	Y	M	G
Z	Z	I	E	C	G	N	Q	W	Z	U	W	H	A	F	X	Y	J	Z
P	P	Z	B	S	A	X	Y	D	K	B	J	A	A	C	D	R	O	Y
W	S	S	A	E	E	P	T	A	M	F	W	Q	L	S	V	T	K	N
O	M	K	B	L	K	F	O	S	N	D	Y	F	F	V	Z	A	M	Y
G	T	I	S	O	N	S	T	B	T	A	G	D	N	W	O	M	R	U
K	H	X	P	O	M	Q	X	U	Y	W	R	U	I	H	S	E	I	D
O	B	L	V	W	B	C	F	L	T	H	I	F	J	Y	M	O	B	X
O	I	Y	D	T	Q	R	X	A	A	V	A	N	R	I	Y	H	D	L
X	V	L	J	F	D	E	E	O	S	W	N	I	E	U	C	D	A	Z
B	E	O	R	C	Q	T	A	K	O	B	Y	E	Z	U	S	R	Y	U
V	B	Q	T	M	E	J	J	Z	N	F	D	L	E	O	G	U	O	Y
G	Y	J	R	R	G	B	N	G	U	O	W	L	X	C	H	N	A	F
F	I	G	U	J	B	J	R	B	W	Q	K	A	V	R	A	R	Y	V
W	M	W	T	H	C	I	N	N	P	D	E	S	J	X	J	H	A	M
U	I	Z	J	T	D	Z	C	N	G	D	I	X	A	C	P	I	I	A

Jakobus 1:22

SEID
ABER
TAETER
DES
WORTS
UND
NICHT
HOERER
ALLEIN
SONST
BETRUEGT
IHR
EUCH
SELBST

J	E	U	F	O	O	S	U	Z	O	H	I	K	D	E	K	T	I	C
H	L	C	S	T	X	V	K	D	B	N	C	Y	E	B	S	G	N	K
P	K	O	G	T	Z	W	R	W	G	Q	D	F	W	A	W	J	C	C
R	L	V	J	U	H	I	T	E	A	M	R	Z	H	Q	T	K	J	W
C	Q	J	O	X	W	R	M	P	N	O	K	R	L	P	M	M	C	E
O	O	B	C	N	S	U	E	E	W	O	W	H	K	A	Y	O	E	G
U	G	C	F	R	W	K	P	E	A	C	Q	I	N	Z	E	R	H	Y
N	S	D	M	A	U	C	H	W	E	B	Y	N	F	U	L	S	S	F
K	J	Z	V	A	N	S	E	Z	A	T	Z	U	K	N	F	K	S	D
A	A	L	T	Y	D	R	S	A	N	H	C	R	N	D	A	S	Z	T
U	T	B	D	W	P	Q	C	Y	G	C	J	F	F	D	D	J	O	O
C	Q	Q	L	Y	E	J	R	F	I	I	O	N	P	K	U	V	F	K
G	A	A	O	W	I	Y	R	N	E	N	I	E	S	W	M	J	Q	H
F	B	O	C	D	V	G	Q	H	L	L	N	E	C	T	Y	X	O	A
R	N	E	N	I	E	D	E	V	A	F	J	A	G	K	N	N	Z	N
X	N	S	I	T	W	E	A	W	D	G	G	U	F	O	I	V	I	L
M	F	N	Q	E	T	J	J	V	O	N	C	J	R	F	L	P	A	R
V	J	E	J	B	V	A	T	G	O	E	Y	N	K	E	K	X	V	E
Q	O	B	E	H	E	V	L	G	S	N	H	Z	Z	J	C	Y	H	L
Z	F	A	T	P	W	P	P	T	S	W	P	N	A	K	J	L	M	I
R	W	N	O	N	D	K	E	S	P	Q	M	G	E	Q	C	N	S	R
H	L	K	J	J	N	E	E	Z	U	O	W	L	F	Y	N	B	I	F
K	K	S	L	T	D	E	N	M	F	P	P	C	B	A	F	S	L	G
J	A	O	S	L	C	K	W	C	Y	E	F	K	P	X	J	Q	U	U

17

Sprüche 22:6

GEWOEHNE
EINEN
KNABEN
AN
SEINEN
WEG

SO
LAESST
ER
AUCH
NICHT
DAVON

WENN
ER
ALT
WIRD

B C Q G Z X T T X D M L I W T F Z R O
C I I K S K I T Y Y N N T A O Q O S T
L Y H C T F D O M M P E F U N R B K F
F I R B W F N S V E Z J C O V G Z J C
S X O K D A C B F R N G Q Z F S S C L
T B A E J I L W N I S S V P S T X Z X
V B I B G R B K O H C M C T X B S S Q
T D E I I M M L N V Q S U H H D E N N
G G R G J F J A P E V F B Z E R I R K
P C R S R R Q A O R N N V X E N G E W
E G F X M E U N Q F L O J F Z Z W H F
K W Z K Z Z V W B E K I Y T E Z E C B
F B G Y G W A B N H H M N K E A N S U
C I T O C C I V W L E X Z C R X N I H
Z Z E I D P J R G U H X X D H M Y L G
N Y N J L S W B D N U T L H I H S M N
Z P I M R B N E D G N J I B I N T M A
R G R C C U L J E E N V R L E Z K I N
N Z Z A U Y P E H N R E E B P W A H R
O A M I U Z M D F N T U E F G V D T P
S E I A E C C H E A E G S C A L E S T
Y T L Y N U H V V R R V I F H O G M F
N A I A W L C D Y E D Z K Q Z V L C H
I Z O O Y G B H V B N S O Z W H S J D

Matthäus 6:14

DENN
WENN
IHR
DEN
MENSCHEN
IHRE

VERFEHLUNGEN
VERGEBT
SO
WIRD
EUCH
EUER

HIMMLISCHER
VATER
AUCH
VERGEBEN

B	D	R	K	B	L	X	O	A	U	M	H	G	C	F	R	Q	L	I
Q	I	D	I	E	P	Y	T	N	A	T	Y	B	S	R	K	S	F	B
X	E	V	R	L	M	W	B	V	V	M	V	R	Z	U	B	Q	R	Q
D	S	T	D	C	W	A	C	X	U	M	T	Y	P	C	K	S	I	G
O	S	P	G	X	Z	R	S	E	W	S	N	C	E	H	Z	G	E	R
I	K	O	L	S	S	R	G	S	I	N	E	I	E	T	Z	I	D	D
F	Z	B	R	N	A	P	E	E	O	N	F	D	W	N	S	T	E	P
C	R	F	N	W	N	J	G	R	W	I	K	D	R	T	X	G	G	L
E	M	A	W	N	F	L	E	N	N	E	Y	L	E	E	N	C	B	R
A	B	S	B	C	T	A	N	B	I	V	R	S	T	R	W	D	D	C
N	K	E	Q	D	M	N	Q	N	A	S	M	R	F	E	W	J	H	Q
E	C	Q	I	X	U	Z	N	O	A	B	W	V	R	B	G	Y	C	O
D	Q	Y	M	L	T	F	D	A	L	L	T	I	E	Z	E	I	R	U
U	D	T	T	B	R	E	B	W	M	P	I	T	U	P	D	X	F	Y
E	D	W	X	C	E	D	W	R	O	R	E	N	N	F	U	P	K	W
R	E	L	B	A	B	E	R	H	S	K	H	R	D	Y	L	N	U	I
F	S	U	T	O	P	D	S	S	Q	P	H	X	L	O	D	E	W	H
Z	N	L	C	A	Z	U	B	T	E	S	C	T	I	O	L	T	N	B
Q	M	L	P	T	R	Y	S	E	F	G	S	C	C	G	O	F	A	X
I	H	I	E	T	M	Q	L	H	T	X	U	P	H	G	Y	F	I	P
H	V	S	S	J	I	D	H	T	R	M	E	Z	K	Z	N	B	C	T
J	E	G	U	E	T	E	O	W	E	P	K	P	E	R	N	W	K	S
G	U	T	S	Z	P	Y	Y	X	U	D	T	W	I	P	O	X	Q	X
S	D	J	Z	A	J	P	I	R	E	R	F	F	T	L	P	N	R	D

Galater 5:22-23

DIE
FRUCHT
ABER
DES
GEISTES
IST
LIEBE

FREUDE
FRIEDE
GEDULD
FREUNDLICHKEIT
GUETE
TREUE
SANFTMUT

KEUSCHHEIT
GEGEN
ALL
DIES
STEHT
KEIN
GESETZ

G	X	A	M	E	X	P	H	Y	Y	A	X	B	U	O	J	E	B	J
L	J	V	Z	W	M	P	N	M	O	V	M	N	Z	H	N	E	H	Q
H	F	N	M	D	Q	W	P	Z	E	X	E	X	F	S	S	E	M	K
A	F	R	O	J	Z	K	Y	U	E	N	B	J	E	T	N	I	L	R
F	E	E	Q	Z	Q	E	C	X	I	Z	T	L	W	L	T	W	Y	S
M	M	D	M	W	R	H	J	U	Q	R	X	R	K	M	Q	Z	B	S
R	J	N	A	I	G	T	U	R	O	V	H	P	F	J	G	R	V	Z
X	E	A	Y	Q	A	N	G	E	I	I	Z	U	T	R	K	Y	A	R
V	R	J	F	I	D	F	S	S	L	D	N	H	E	R	R	U	R	R
E	D	Z	D	C	T	T	E	Z	Y	T	Y	P	E	P	M	C	U	A
Q	V	M	H	R	E	D	M	C	E	C	A	M	G	E	Y	L	E	O
N	F	T	U	T	M	R	P	R	B	S	B	X	S	B	L	H	S	P
P	O	R	K	R	K	O	E	U	M	I	S	K	V	U	S	G	J	V
A	U	E	H	J	A	I	T	L	F	C	J	R	Q	Q	O	X	N	O
S	A	N	K	J	N	D	S	N	A	A	B	Y	U	M	Q	H	W	U
N	V	I	Z	A	M	A	O	O	J	C	J	K	T	R	B	L	D	F
W	Q	E	N	B	G	U	E	O	B	L	U	F	H	L	P	K	O	G
Z	C	D	B	U	V	D	Y	S	O	K	G	O	Y	P	Z	M	W	Y
P	E	D	H	D	Q	E	X	P	N	D	W	B	I	Y	E	M	W	L
R	G	I	I	I	H	Z	V	E	W	M	O	S	M	T	R	A	B	V
J	R	E	Y	F	L	Z	O	V	H	M	B	V	T	D	B	D	G	N
X	J	X	A	Z	B	F	C	Y	U	O	Q	P	U	Z	A	U	D	A
X	E	K	N	D	J	O	A	H	N	G	W	P	T	S	U	D	E	Q
R	P	Q	N	I	A	U	C	H	T	V	B	E	D	R	E	V	N	T

1 Thessalonicher 5:11

DARUM
TROESTET
EUCH
UNTEREINANDER
UND

EINER
ERBAUE
DEN
ANDERN
WIE

IHR
AUCH
TUT

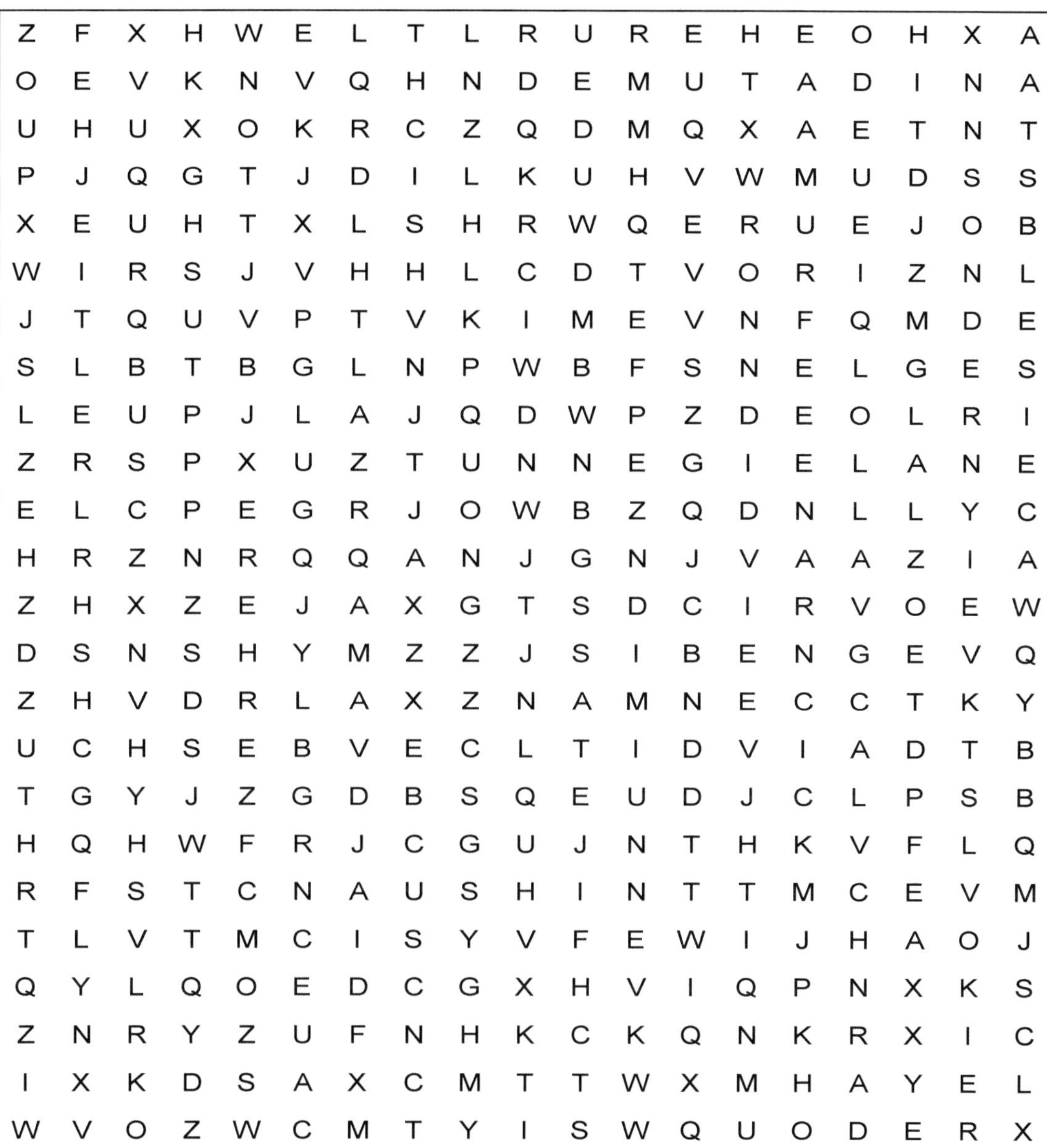

Z	F	X	H	W	E	L	T	L	R	U	R	E	H	E	O	H	X	A
O	E	V	K	N	V	Q	H	N	D	E	M	U	T	A	D	I	N	A
U	H	U	X	O	K	R	C	Z	Q	D	M	Q	X	A	E	T	N	T
P	J	Q	G	T	J	D	I	L	K	U	H	V	W	M	U	D	S	S
X	E	U	H	T	X	L	S	H	R	W	Q	E	R	U	E	J	O	B
W	I	R	S	J	V	H	H	L	C	D	T	V	O	R	I	Z	N	L
J	T	Q	U	V	P	T	V	K	I	M	E	V	N	F	Q	M	D	E
S	L	B	T	B	G	L	N	P	W	B	F	S	N	E	L	G	E	S
L	E	U	P	J	L	A	J	Q	D	W	P	Z	D	E	O	L	R	I
Z	R	S	P	X	U	Z	T	U	N	N	E	G	I	E	L	A	N	E
E	L	C	P	E	G	R	J	O	W	B	Z	Q	D	N	L	L	Y	C
H	R	Z	N	R	Q	Q	A	N	J	G	N	J	V	A	A	Z	I	A
Z	H	X	Z	E	J	A	X	G	T	S	D	C	I	R	V	O	E	W
D	S	N	S	H	Y	M	Z	Z	J	S	I	B	E	N	G	E	V	Q
Z	H	V	D	R	L	A	X	Z	N	A	M	N	E	C	C	T	K	Y
U	C	H	S	E	B	V	E	C	L	T	I	D	V	I	A	D	T	B
T	G	Y	J	Z	G	D	B	S	Q	E	U	D	J	C	L	P	S	B
H	Q	H	W	F	R	J	C	G	U	J	N	T	H	K	V	F	L	Q
R	F	S	T	C	N	A	U	S	H	I	N	T	T	M	C	E	V	M
T	L	V	T	M	C	I	S	Y	V	F	E	W	I	J	H	A	O	J
Q	Y	L	Q	O	E	D	C	G	X	H	V	I	Q	P	N	X	K	S
Z	N	R	Y	Z	U	F	N	H	K	C	K	Q	N	K	R	X	I	C
I	X	K	D	S	A	X	C	M	T	T	W	X	M	H	A	Y	E	L
W	V	O	Z	W	C	M	T	Y	I	S	W	Q	U	O	D	E	R	X

21

Philipper 2:3

TUT
NICHTS
AUS
EIGENNUTZ
ODER
UM
EITLER

EHRE
WILLEN
SONDERN
IN
DEMUT
ACHTE
EINER

DEN
ANDERN
HOEHER
ALS
SICH
SELBST

V	U	I	Z	I	L	L	I	A	L	E	G	W	Y	B	B	Y	L	P
S	P	V	S	U	B	Z	Q	V	S	V	A	G	B	U	Q	Z	H	Q
E	P	S	P	P	Q	F	W	Z	J	S	O	V	B	V	P	I	K	Z
B	B	T	I	C	W	L	Z	C	S	K	F	S	U	M	L	S	U	E
L	X	Z	E	B	I	O	U	E	N	R	S	I	C	H	P	C	Z	R
Z	L	W	G	F	E	P	R	O	D	B	H	U	I	V	K	X	I	W
X	H	M	E	J	N	E	T	G	W	U	D	O	B	F	Z	O	S	A
O	L	W	L	H	F	A	N	V	J	M	S	O	U	B	Q	T	I	X
R	P	M	T	L	O	L	P	U	L	Q	T	Y	Z	Y	B	R	A	U
B	X	S	U	Y	A	T	Z	L	Z	M	R	D	S	S	R	B	J	N
A	G	V	M	W	J	S	B	J	J	M	S	F	H	A	E	H	V	Z
S	O	U	D	G	S	D	U	I	G	N	P	X	G	X	R	N	G	U
T	W	I	K	Q	C	A	R	H	H	W	X	Z	F	T	X	I	H	Q
H	T	M	A	R	I	T	D	O	N	I	Q	J	Z	U	O	C	X	R
C	Z	T	B	G	W	M	G	M	N	I	E	C	F	G	R	S	Q	R
I	T	Z	F	H	K	I	H	K	G	E	E	D	R	I	J	W	Q	E
S	W	W	B	E	E	O	M	U	Q	T	G	U	R	H	X	D	Z	P
E	K	Q	V	L	H	R	M	E	N	S	C	H	B	B	T	Y	E	S
G	B	Y	L	S	K	C	Z	F	Y	I	T	C	B	N	Q	X	C	U
N	B	K	A	F	I	O	Y	E	K	E	G	S	F	U	A	X	D	J
A	M	W	Y	N	H	K	W	H	N	S	R	A	K	Z	N	I	E	U
C	Z	P	S	E	D	W	K	X	U	N	J	T	F	Q	M	X	U	C
G	I	W	B	D	X	S	A	Q	X	H	D	M	G	M	U	A	S	R
A	N	D	E	R	N	Y	S	M	B	P	K	M	L	S	J	H	C	E

Sprüche 27:19

WIE
SICH
IM
WASSER
DAS

ANGESICHT
SPIEGELT
SO
EIN
MENSCH

IM
HERZEN
DES
ANDERN

X	V	W	E	H	M	L	E	R	A	T	C	E	P	T	I	N	B	P
I	J	D	E	I	H	T	B	V	P	Z	X	Z	K	C	Y	J	K	J
I	T	R	Z	C	E	E	I	R	P	F	C	A	R	F	W	I	E	J
T	R	Z	D	T	L	I	T	D	T	P	W	Q	U	E	H	U	N	K
Q	U	O	Z	Y	F	X	T	N	R	I	D	B	I	W	D	V	C	M
D	E	J	Z	K	E	H	H	A	K	A	M	Q	M	K	F	J	V	H
M	R	Q	L	M	K	Z	A	H	B	P	H	T	L	K	A	L	Z	K
Q	U	V	P	J	V	T	N	Q	Z	U	W	F	X	L	Z	H	N	G
I	G	X	Y	C	T	G	L	D	M	G	O	L	Q	U	E	L	N	O
H	V	D	F	T	I	O	S	U	U	D	T	R	R	V	A	T	E	T
C	B	M	Z	U	I	I	N	N	Z	U	E	T	H	C	E	R	D	T
I	M	E	Q	N	X	D	L	D	G	I	P	F	U	R	S	N	H	U
U	G	H	V	D	E	A	Q	N	F	A	T	R	J	Z	T	C	G	V
W	S	A	P	E	S	S	R	V	P	V	J	J	H	M	I	M	Z	E
C	T	Q	T	R	M	Q	L	A	E	S	U	Z	B	R	X	S	D	N
I	K	J	D	V	Q	I	F	T	N	B	D	E	P	X	L	Q	I	A
D	P	W	I	D	Q	P	H	W	T	S	W	S	U	E	U	P	R	Q
G	N	R	C	X	D	C	D	H	P	P	U	T	G	L	S	H	Y	U
V	D	T	H	I	R	E	C	E	E	I	J	N	J	V	U	Q	C	M
I	N	P	A	E	W	I	P	E	I	M	Q	T	L	S	V	Q	E	I
L	E	U	U	J	N	R	A	W	N	N	M	W	S	K	J	N	F	W
G	C	F	O	R	H	L	B	E	Z	I	E	U	D	S	I	O	B	K
Z	L	J	H	B	W	J	G	S	E	B	B	O	P	E	A	Y	O	K
Y	S	F	Q	G	R	I	N	A	L	E	H	U	D	P	C	F	H	R

Jesaja 41:13

DENN
ICH
BIN
DER
HERR
DEIN

GOTT
DER
DEINE
RECHTE
HAND
FASST

UND
ZU
DIR
SPRICHT
FUERCHTE
DICH

NICHT
ICH
HELFE
DIR

E	U	C	J	G	L	X	F	H	A	Y	F	Y	S	F	W	J	V	X
E	O	V	L	G	I	M	T	B	Y	B	T	A	Q	I	B	N	H	B
P	G	N	G	L	L	D	V	D	C	V	E	K	P	V	A	M	T	D
V	X	R	F	G	O	A	L	I	C	W	Q	R	F	Y	B	W	R	W
W	Z	D	Y	K	L	Q	K	U	Q	D	A	F	W	E	I	S	E	A
S	X	P	V	W	Y	U	A	I	D	X	U	E	F	H	U	L	U	H
N	M	I	H	T	N	M	H	N	U	E	R	U	F	W	R	I	X	V
K	S	K	Z	O	J	G	U	A	Z	B	G	H	B	D	M	E	S	T
T	F	G	V	R	K	Z	P	W	I	S	T	N	E	U	I	C	W	T
H	T	D	M	H	P	X	I	I	X	S	D	V	U	W	H	G	Q	S
Z	R	Q	N	E	E	W	U	B	K	E	L	E	O	N	V	L	R	F
A	A	P	N	I	P	K	K	C	R	Y	W	V	G	E	T	T	P	S
X	B	O	G	T	Z	G	Y	H	I	Q	O	O	N	N	V	U	I	K
X	N	I	S	I	E	E	B	X	U	K	X	I	B	U	M	J	S	Y
B	E	J	D	S	G	F	G	Z	G	T	E	B	X	K	S	P	O	W
E	F	P	G	Q	P	E	C	K	V	S	G	V	S	X	F	U	O	E
G	F	A	F	N	D	F	X	G	B	C	Q	R	C	N	P	G	K	T
W	O	L	W	U	O	Q	J	E	M	F	Q	W	R	L	H	F	D	D
P	Q	A	L	C	W	B	L	D	Y	A	Y	L	Z	A	P	R	B	U
Y	K	D	E	S	A	Y	J	L	R	Q	R	N	L	R	Z	X	E	T
M	I	I	V	F	P	Y	U	X	D	Z	K	G	E	W	Z	W	P	C
G	J	H	G	S	D	J	D	C	D	H	K	P	O	N	R	Q	M	L
R	E	K	Z	X	Z	T	C	B	Y	G	Z	F	G	I	H	E	D	X
H	F	M	U	B	M	Y	I	B	I	L	O	T	Z	S	D	E	W	K

Sprüche 14:29

WER
GEDULDIG
IST
DER
IST

WEISE
WER
ABER
UNGEDULDIG
IST

OFFENBART
SEINE
TORHEIT

P	I	Y	Y	G	S	D	E	O	H	G	D	W	B	J	H	L	E	O
V	G	I	Y	I	D	T	Z	W	A	U	H	K	L	N	H	J	B	K
O	J	V	F	P	P	Z	B	J	E	H	G	O	T	T	B	C	E	R
G	N	H	A	T	U	Y	N	C	Y	R	D	N	U	V	J	N	M	A
A	Q	W	L	N	G	H	O	V	Q	C	A	T	V	S	F	C	Y	F
S	K	T	S	G	R	D	V	X	G	C	V	P	P	U	R	S	N	T
V	Q	I	I	A	E	H	Z	C	E	Y	Y	Y	R	E	N	A	L	S
H	S	S	S	E	D	L	I	R	Y	W	D	C	D	C	C	P	E	F
R	M	X	G	Y	H	C	L	R	T	Z	H	F	Z	Q	I	X	U	N
D	E	N	N	V	F	N	T	R	H	T	O	C	O	B	H	O	N	F
D	M	P	Z	B	J	V	E	W	C	U	V	K	S	L	G	Z	Z	A
K	F	I	F	R	N	W	M	N	I	E	G	K	L	I	S	R	M	Z
D	W	U	E	W	T	F	M	Z	N	B	Q	F	B	O	Z	Y	I	E
P	L	D	B	X	I	U	W	H	Y	O	L	E	G	G	U	E	N	W
J	P	O	Q	R	E	D	H	B	K	Q	S	R	S	N	E	B	L	M
D	K	H	Q	C	G	H	D	I	T	K	L	E	I	P	T	E	U	R
D	L	Q	S	N	M	N	C	D	L	O	A	P	B	M	S	I	N	P
T	Q	S	G	X	H	D	M	F	Q	Q	S	G	Q	X	Q	L	I	C
T	G	R	S	I	W	B	T	C	C	S	E	Y	G	S	Z	G	S	C
X	N	R	E	D	N	O	S	J	E	I	N	E	B	E	G	E	G	L
U	E	N	W	F	Y	H	D	F	S	U	J	L	A	K	J	D	E	N
N	H	E	T	I	A	O	G	T	K	N	P	K	D	V	V	Y	U	P
N	I	G	E	S	Y	R	I	Y	S	H	T	X	Q	N	U	U	U	S
W	B	R	G	H	G	D	O	Z	N	L	L	O	A	C	U	G	H	M

2 Timotheus 1:7

DENN	GEGEBEN	SONDERN	LIEBE
GOTT	DEN	DER	UND
HAT	GEIST	KRAFT	DER
UNS	DER	UND	BESONNENHEIT
NICHT	FURCHT	DER	

Q	C	D	I	T	I	N	E	L	F	T	G	J	Y	A	Y	V	W	P
R	R	H	V	R	G	A	T	O	E	L	B	H	V	W	T	C	Q	I
W	G	O	J	Z	Y	U	I	K	F	R	V	Z	D	H	C	T	Z	R
O	Z	U	T	N	V	W	J	Q	R	Z	K	R	C	E	D	B	X	Y
C	Y	E	V	Z	I	C	Q	E	A	K	P	I	R	U	F	M	E	F
X	T	F	Q	X	V	N	N	E	W	F	N	N	S	N	N	R	I	W
D	B	S	D	X	R	F	I	Z	H	J	T	X	Y	E	A	D	G	Y
I	B	K	S	F	X	U	U	Y	E	E	I	R	Y	S	Z	Q	T	T
F	T	Q	E	A	Z	Y	U	U	N	D	I	W	A	S	I	U	E	M
S	L	V	Z	E	L	N	S	K	Q	S	E	O	P	A	N	Y	M	Q
Y	J	T	I	L	A	E	E	V	B	P	D	U	P	L	K	J	R	R
G	Z	T	J	R	C	Z	S	J	Y	Y	U	H	M	H	R	V	M	T
S	C	R	Y	V	Z	F	W	T	K	A	G	O	P	C	R	R	M	X
J	F	D	V	I	L	F	X	C	B	G	I	L	P	A	O	A	N	A
N	C	G	Y	X	Y	B	C	P	S	N	U	Q	E	N	B	F	Y	W
M	L	I	M	J	W	E	R	D	E	N	N	E	Z	E	R	D	N	H
B	W	H	M	J	F	T	N	X	D	S	A	Q	R	L	F	N	J	Z
I	N	P	U	P	C	Q	A	A	U	C	H	L	R	P	E	W	U	R
F	E	M	I	H	P	E	K	G	G	E	G	S	E	D	N	L	K	O
L	D	X	K	D	G	Z	A	W	X	U	T	N	N	Q	C	O	O	F
Z	R	P	D	M	R	Z	A	E	T	Q	U	I	I	D	C	P	J	U
T	E	C	G	M	O	I	H	E	F	A	F	C	E	T	K	N	V	L
G	W	M	J	F	L	N	S	R	W	I	R	H	S	J	U	S	L	L
Q	M	V	K	T	U	K	K	L	I	D	B	T	U	N	X	N	T	W

Galater 6:9

LASST
UNS
ABER
GUTES
TUN
UND

NICHT
MUEDE
WERDEN
DENN
ZU
SEINER

ZEIT
WERDEN
WIR
AUCH
ERNTEN
WENN

WIR
NICHT
NACHLASSEN

M	Q	Q	M	P	R	S	V	T	P	E	U	P	M	A	M	F	Q	E
K	Q	X	R	D	L	D	X	I	Q	Y	M	B	U	C	A	U	J	T
R	W	H	Z	D	V	O	Z	G	T	K	B	L	I	V	I	P	Q	E
A	E	U	N	G	J	F	N	Q	X	T	U	R	A	L	G	G	O	U
D	B	R	P	I	N	W	J	R	Z	K	W	I	L	G	K	Y	V	H
E	L	K	I	Q	E	C	H	S	O	O	K	T	G	W	A	J	X	E
T	X	U	R	T	M	D	I	X	Y	Q	V	X	R	S	R	L	A	B
H	B	T	B	S	M	D	B	G	C	M	G	Z	A	N	O	T	R	C
U	P	N	X	R	B	W	J	M	M	H	L	Y	O	K	C	M	J	D
V	H	N	Z	J	R	G	J	L	N	K	W	K	P	V	L	Z	L	M
S	Y	F	O	A	W	Q	W	L	D	E	N	N	H	F	E	V	L	R
T	S	W	W	Y	F	L	E	I	S	S	A	Z	J	Q	N	B	F	L
I	D	D	N	U	G	V	I	O	D	H	P	F	X	K	I	Q	O	Y
E	T	C	X	Q	A	V	W	S	F	B	M	D	A	S	A	N	K	E
A	E	E	S	I	Y	Q	Z	P	O	P	U	L	H	M	D	L	R	E
M	N	F	F	C	D	U	T	D	Y	H	P	E	B	S	R	K	D	N
A	I	D	D	J	A	D	K	X	P	V	Y	B	W	S	Y	E	O	I
T	A	T	H	F	R	N	H	R	H	Z	L	E	E	W	P	A	N	F
Z	F	L	A	J	A	G	K	I	J	Z	W	N	L	Q	R	M	G	G
T	R	N	L	I	U	K	C	Q	X	L	A	A	Z	E	P	X	R	J
Y	R	E	W	E	S	Z	K	S	Q	W	R	Y	B	W	A	Y	V	D
B	E	M	H	H	M	C	B	I	G	D	Y	X	L	Z	F	V	P	H
D	D	V	N	A	S	X	D	T	S	K	A	X	M	Y	F	P	Y	I
V	I	X	H	H	B	L	A	G	W	H	T	E	P	X	Y	U	P	P

Sprüche 4:23

BEHUETE
DEIN
HERZ
MIT

ALLEM
FLEISS
DENN
DARAUS

QUILLT
DAS
LEBEN

Q	J	U	K	N	V	I	Y	L	U	S	S	B	L	D	V	Z	C	E
M	Z	A	M	R	J	O	W	P	Z	G	J	R	B	W	E	M	E	W
E	D	G	I	S	T	C	D	D	J	B	W	E	Z	N	E	Y	F	R
N	F	Y	L	C	K	F	W	N	D	U	O	Q	Y	I	A	A	W	B
I	L	E	U	C	H	T	E	U	J	A	T	C	N	U	A	W	O	Y
E	C	L	U	G	F	U	S	S	E	S	J	E	H	H	H	Y	C	E
M	L	E	S	A	Y	S	E	Y	W	T	S	H	A	Q	V	J	N	W
A	S	B	W	N	U	C	M	J	M	P	Q	M	L	F	W	R	V	I
N	M	X	P	Q	S	F	Z	J	V	Y	N	D	J	S	D	N	M	I
E	N	J	O	N	B	S	X	K	O	G	R	C	U	D	E	F	I	B
A	K	V	N	V	M	A	M	T	Q	K	T	F	O	T	U	G	I	Z
X	C	Y	E	W	U	B	R	I	O	X	Z	R	K	J	L	M	E	B
A	D	L	J	V	W	F	C	W	E	O	U	L	N	Y	Y	A	P	W
T	F	I	N	O	V	J	L	T	R	O	W	S	P	D	T	K	S	E
C	I	B	Y	C	I	C	D	B	A	A	W	D	F	S	P	S	Y	M
C	H	U	Z	K	H	S	A	R	N	B	J	I	Q	C	A	A	N	I
L	A	G	L	R	J	T	R	B	S	A	O	D	P	E	U	X	J	T
V	L	I	C	H	T	V	J	O	P	V	Z	G	R	O	B	E	M	N
W	E	P	E	B	A	U	P	G	P	F	N	V	U	M	I	A	N	T
D	I	N	F	S	M	B	B	T	O	D	S	D	V	N	J	T	F	K
R	J	F	M	D	M	O	P	W	P	Z	C	I	J	Z	L	F	M	L
D	E	I	N	J	B	I	D	Y	H	P	F	I	R	O	T	K	K	N
V	A	S	J	D	W	K	E	M	S	T	S	U	L	L	I	I	B	B
Z	D	H	Y	G	T	D	W	X	L	Q	Y	U	M	N	O	T	Z	I

Psalm 119:105

DEIN
WORT
IST
MEINES
FUSSES
LEUCHTE
UND
EIN
LICHT
AUF
MEINEM
WEGE

S	V	U	N	D	T	X	S	S	H	E	W	Y	S	H	L	N	A	J
E	B	M	C	W	E	R	T	R	E	E	I	Z	B	A	X	H	O	F
S	E	D	Y	F	A	M	G	K	Y	B	R	L	J	J	B	H	Z	U
A	X	S	U	F	T	R	A	G	M	S	T	R	I	K	A	T	J	N
L	P	M	E	Z	H	Q	Z	X	E	A	B	R	N	J	H	G	Z	M
L	D	R	Z	I	V	I	R	T	H	T	L	Q	I	S	U	O	J	S
E	X	R	W	Z	D	D	E	P	A	G	R	F	Q	N	X	T	H	N
G	H	F	Y	R	J	R	V	B	R	A	W	O	R	P	M	O	I	U
Z	C	U	N	U	L	F	N	U	R	E	G	E	S	C	H	G	O	Y
I	I	G	Q	U	M	L	U	V	E	M	I	D	W	T	V	M	K	U
F	W	Y	W	K	E	H	M	Z	T	P	E	D	R	Z	R	R	S	W
N	G	S	P	Z	K	L	S	U	H	A	D	C	D	I	A	B	I	W

Psalm 31:25

SEID UNVERZAGT IHR HARRET
GETROST ALLE DES
UND DIE HERRN

Lösung 1

E	I	N	E	M	S	G	K	E	M	I	I	G	Z	C	W	P	Y	S
P	C	R	W	N	L	O	I	P	M	Z	Y	J	T	U	O	Y	D	U
Q	Y	V	I	A	W	F	U	A	B	U	K	C	Y	K	B	C	Q	A
U	D	Q	U	T	F	R	N	J	N	V	S	G	Z	B	S	V	S	O
N	X	B	M	H	U	R	X	E	B	E	L	X	R	Z	V	F	K	W
Z	E	E	O	D	R	M	K	W	W	R	D	H	O	Z	H	S	B	X
J	O	K	P	C	O	Y	E	F	N	S	Y	O	K	E	U	I	G	H
X	W	B	O	B	V	Z	K	D	L	I	V	F	Y	E	Y	E	L	U
D	A	Q	H	Q	P	X	R	J	E	C	J	F	Z	Y	V	H	Y	U
W	S	F	E	D	E	R	C	G	F	H	R	T	E	I	S	T	T	Z
F	N	D	G	M	T	P	L	A	I	T	U	W	O	A	V	S	I	V
I	J	I	O	M	S	Y	G	L	E	C	M	U	Z	K	M	C	K	E
W	C	W	C	Z	I	T	P	C	W	H	A	R	J	J	U	N	D	A
Z	A	B	S	H	C	J	E	S	Z	H	Z	N	Y	F	P	P	U	B
M	O	S	Z	U	T	S	J	E	T	G	B	B	N	O	B	G	O	E
G	A	X	T	R	A	Z	I	Y	H	J	A	N	V	Q	T	K	P	R
D	E	L	C	N	B	N	D	E	C	X	P	N	R	B	S	K	Q	Y
E	J	K	M	A	N	S	U	B	I	W	Q	J	C	R	C	C	U	K
X	O	O	Q	A	B	D	M	I	N	D	N	I	V	S	T	J	O	P
T	G	V	M	U	Z	F	S	E	E	W	U	W	K	T	I	V	A	F
S	V	A	U	Q	Y	X	O	S	C	E	Z	F	E	S	T	E	Q	H
C	Y	E	V	T	K	N	S	L	C	I	I	S	E	Y	P	R	F	L
G	X	G	V	Y	R	E	S	G	D	J	N	W	J	P	E	C	F	Q
C	Y	D	O	B	N	Z	Y	T	W	N	H	X	J	O	X	X	R	P

Lösung 2

Q	G	L	D	P	O	S	U	P	G	M	A	J	F	J	G	O	A	T
L	H	L	U	N	D	B	E	Y	H	I	V	F	M	F	I	M	O	K
B	D	E	I	N	S	Q	U	U	S	A	W	N	S	F	G	Z	P	Z
M	G	U	R	B	A	O	C	T	Y	X	T	L	P	F	R	A	C	G
L	K	G	W	Z	E	B	Q	U	S	E	S	M	A	L	P	K	U	V
L	P	O	E	G	R	U	R	G	I	T	M	M	A	P	L	W	S	D
J	W	I	L	X	B	A	Q	J	L	B	M	A	A	D	P	G	Q	C
H	L	F	L	P	I	F	S	O	H	L	I	O	J	T	R	E	P	E
A	F	Z	E	O	G	J	P	Z	Y	D	N	Y	H	S	P	Y	L	F
S	D	O	U	U	G	J	E	W	M	V	R	Y	V	S	H	W	V	W
E	T	Y	F	M	D	R	D	Y	G	M	O	X	T	I	M	N	D	A
R	B	Q	R	J	V	B	D	E	A	S	V	R	C	Z	I	R	R	S
T	R	R	E	C	B	P	S	L	B	E	U	A	H	Y	V	L	P	W
A	F	C	M	H	E	W	M	B	H	S	S	B	U	G	F	D	X	M
O	O	N	E	G	Z	F	W	B	W	P	T	O	P	W	N	E	D	S
M	J	I	C	P	F	U	Q	A	A	R	G	C	L	P	U	G	R	R
N	R	U	B	A	L	E	U	C	V	E	W	R	M	R	G	Q	W	M
B	T	G	R	A	M	U	R	V	G	B	B	Z	C	X	W	C	B	B
W	A	H	K	K	S	H	Q	I	G	E	W	X	M	B	Y	W	B	E
D	H	T	N	E	K	C	E	S	D	G	B	K	M	P	A	Z	F	G
W	P	V	L	I	V	A	H	T	E	X	O	V	Y	D	C	K	H	E
X	C	L	G	G	C	G	P	E	F	S	K	B	V	Z	S	F	H	H
N	A	I	D	I	R	L	W	M	H	H	Z	L	W	U	H	P	V	R
F	B	X	Q	F	G	S	U	C	K	W	I	G	S	I	I	G	E	T

Lösung 3

L W P L Q D T V G Y Y I L E K T Q E Q
K R X X V T S T Z A D O W Z R A K A K
M X Q F K F B T Y E Y O O E M J C J S
K J K C G L B M X M U B G K N R F R F
K B Z B M U R R N A H R X P X F Q K U
M U O Q R Z X W Q V A U E K X Y I J H
J U K I M Q T M O Y G S T W R K H N D
K V L Q O D G P S S H M H P W E G F Q
X E A C N I S X X J Z N I N C L K E P
B S Q J D Q J Y R R R W G R Z C T B K
P J J U T L P P Y S E X W M Q O M E Q
Z U J D I N G E S R V D A B S S K I Q
G T I H A H G T U W A L A Y K Z G L H
O A M R W W H O G G H L D D A U H Q B
H L Q I V N P J L C T U L C R O N L L
W K X J L U T R L X A C R E M X U P H
J X Q Z K Q G E P M W M H S G H Y K I
Y H S X O N M L G A T H E D X Q Z I H
D N E H E H C S E G O U O O S X S A D
B B U L B I S H S V K S K X U N V W B
F V K G A F Q E C E I R T S R K K G R
J O C N B S X Z C V O Y R P X J V Y V
C F T T Z T S P E K J B D J A V H J B
U O P I W B E T B X T W M F Y V V O L

Lösung 4

W W C Z D U X W T P H W I W D H Q T P
I I K V V Q N X W S R E X U P F F E K
J V N K F L I S E Y Q R I R I P V E F
Y H W G D Q X I E X I F T E J T H A A
U T C R U O D N R U N Q E M I N X D F
Q M O I K M H V L Y S P B Q I D H U N
O A O K L W S X F J V V E M D E F A E
M F H M B H I K D G B C T U V O Z O L
D G N W X S E L Z C C H E U C D D D L
I Q E I Y H W O L E F R T U P S E Y A
B Z P Y H U K D R E U I J N S R N U Q
W A Z Y S T T I C F P S T T N E N S F
G A K L H U D N V T O T B E I C I L L
O S Q J J U S G V Y J U A R H W F D I
T G X I N V O E N Z J S L L D R I V H
T C F T F F I N J Y Y S M A E A E R Y
E X O I F M H M F D K E J S R N K U P
S B G E O T Q T U F L J H S R D X W F
X L U Z E D S T F F Y C K F P U J D Z
T Y X E A U G Z L R D O H H V C H X E
X W N L Z H C H R A B K N A D H F Y U
C N L L L G G H T C Y Q U M H H C Y I
O R K A T F C E I Q A N R K P W H L S
D B Z X I N S A D S F Z R E I Q F S T

Lösung 5

S S T N W Y P G M P X Q X K S L Z G P
P P J O S Y U H C C F S P O T B E M J
E N M M E Z I Q A S E D J G N N S H H
F E E T K T B A N C O Y J O U Q S Y L
E D D T S O S L Z A C E G G W J Y Q U
F E Z U I E A U Y D G D T L H F M G Y
Z U F K A I Q D E H H N F R H G I L U
F M N K U B C M U P H U K S M R I I J
N E D N E G E O M R E V N U K B U A G
H L K T M A A V B O D V O H G N B T O
R T Z M Q C E M J O R B E V F A X W D
J K M E C W R S U D D T E Z U I F R X
L Z T G P T Q Y P U M F G I C N K W T
D F R I A O R V I M M X F S G U I J J
H V Y X I F E P S C J O T H K J L D B
R T Z N S A P M E P G A A A D P N A F
K A J R H V D A B P E W Z E E T P O N
L L T V P Q Z W Q R L R W P H H W H U
T G W Z Z F X K K A M V J S I A B S Q
W F T D K V V E U E B Q S G V W Q W P
H S A P O L K O C M V E J T B B A E P
M E D R U C H S P D Q Q Z T M V F E T
T B I G K W U X G V S A E Y A P L Y N
D B R J H U E F B R U W Y R B J V W O

Lösung 6

L J T P M S V J F P V G E H N G C E M
E Y D U X D W K Y C V C S P R L X O S
A U Y N B Q N J F X Z E X Z C A R N S
O L I L D L E Q V B M Y Y A J U M I A
B U L K N W D K B D J E H H Q B F R D
U E T E U B R O K C B M M J J T A M R
C S T L S Y E W E B A P O R W G S U N
J J C E T I W Z B K L F H J S Q Z O R
G W P K T H L P R U N A T C E P N C X
Z T Z I C R I C J S R N H N W A S Z Q
D L K C D S E M J T V G E T M U Y N T
R A T H T P T Y N Z P T T A L B Q Q Z
J T H H N P U C D Z D T Y Q Q X B S K
U A L E P V Z D T A Y W U S Q C K W U
H Z B T E W B Q R B L W Z X C S N C H
V X U V W S E U V J I Q N Y L K X L R
X J U T T B M W C E U T A C U X S F I
P S V B T T R V M G H T T J M J Q H B
W H K Z H M O S V A E L Q E V F T Y Y
I U E U C H D Z U S E P C M T T F R P
H P Q S L R V O W M P H E X G N N Z U
R O O Y I M H F I W S B U S Z O C M A
Z O H W F T R C N A O O C S Q R R C V
V V P G K U K T P N J P H Y Y B V J N

Lösung 7

```
F W N I H X Q Y U J C T C D N C T T M
A X A T H N G S G H U W C I X A I E D
J F Q J L Y P X S R U Q C E S M I F G
E G I H X M J V W I U H V T C N L G D
E D J A D D B N X B T Q X A Q J O J P
Z C V T Z L F N E E E F Y K C T T E X
Q O Q V D C L Y T B F Q O G T I O D J
J T O O E B R A H G Y L E B K H Y E I
J R M E Q A H Z Y K Y L Q W A O I R W
Z S M I J U E S N V U A Q N E N I E L
E X W V N S Q R E U B P W L H K I J K
V P C B E P I F M A N L I A Y C E C I
T X I P H R D M M L W W C F N J I E H
Z Z V S C C N C O S L A I B R N X S Y
T W G A I J X S N F L K B L J E E F D
K B T L L J W H E Z I K R W L Q B D C
Y W Y N H N C Y G J E O Z M Q E Y E H
J Q E E E K Z Q R K B C X X D W N Z G
V J V Z O P E O O V I C V D I F O W C
D M S R R Z E S V R G B H E G C M A K
R T R E F U O R O G Y D M C W P I N B
A Q H H A T Z E Q D F W V X E K B G H
O X V A J C Z G U M E Z V U F M H T Y
M S U T R T B P P R K R E A T V F Z S
```

Lösung 8

```
S A W K Y R E Z D U Q H G B X T D Q X
V F O S B N O U P I H P O P J R I H F
Z N L I B D S V M Y E Y B J D L W O M
U X L J O N E N L H X Z H Y V O Q E E
V W W V C T B F S I I M C D W D R R N
E X S E I S T H Z C N E U I M E H T I
R N N L E N R I W E U B L A W G P Y E
S I Y Q G V R E D E N L M I X J J B S
I Z P W H S E J U G E V K V I C L H J
C V W W X R K D N N U R Y H R W C P S
H C H A L F A O S R L T I W T A W X A
T L T D S U K J L I D X X W N B G U J
B E D C Q Q F E A Q L E M Q I K W U H
L R P J K V X L T W A B M T O Z Q L A
W R J Z E I J Q D M O Q T O O W P N G
D P I S N N R Q Q Z E E F U S G H M Z
G R E D N E R I Z R N D T X O K F X E
I T L X E K P Y C C N F F A N E U F F
A I C D W O T Q J U G Y R F Z E L L K
T Y H W H I Q P H V O T Y B E S A U X
K N J M C P E W M G T S A W T E A U X
F T W J R R H W Y S W X I V B R N T I
Y A S T E W S M V V I L T O U M E I B
V Y G Y W J V N O V F V W S D A S M Q
```

Lösung 9

```
I E V Y B R B P O F W S X Y R R K E X
I R M Y N C W Q O T Q Z B K S V I P G
F O H H C K E F Q D G O Z V L X E A U
Q T G G I Z R H T W Y B V I I M J B M
K E R U H B G U W K H R T X W R A D Y
C Y A U Z S B U O K I Y P S S W H I X
E M K S E T O N W K B G S D G P W H V
V I R S T B U I M E U F U Y Q R A W Z
R G H E T L S T Y M V M E N X V L M Z
Z O M C J L A A Z K U X N L R T P D N
R I J M I N O Z L H G D Z Z T E B E G
B I C O M L N I N S C I N T S B W A H
O M Q I J I H H V Y J I Z H R N Z K O
K Q K M U T P E Q X O J L L Z Y Y F P
R G S F B D N O O U D P L R U L W F W
D N Z G M U I N S R J S S T R K O I H
Q U G T N D M W D U F O L B N A P H K
I N Y J Y L I L Z L N V R N R O H L O
Q F N A Q C U V W C H P D I R L Z E I
M F U Z N Z G H A H G I D L U D E G B
H O O T J K T Y H V E K O R L P X D Q
D H J E I S E B Y S R O U X G R W K G
E G G A V S Y R C Q O Q Y U G Y S P E
Y X H Q Q R P U I L X K W T V Y M P M
```

Lösung 10

```
R Z O J M E X Q Q I X A O Q O H U X E
N Y L O D O A B H N E D D O N K T Q R
R Z D S T V O B H K U F L K T Z H M J
E R U F P R J N E A E T X G X T I M Z
D X L Q X H R A G H I O O U W I Y N Q
N S L V H C G V J A N J F T Y T D S Z
A Y L T G B D N U O R C Q F W O B E F
Z T Y D I Q V K U C V U B A D H R K S
W K O J X P R L K W B J M D D T P U K
T Y N V C H Z I Q P X N Q V R X F Z L
F G L C K U C J T V F A Z A W L F Q O
G Q O A R T A L E J E W G G S V T L E
R L D W F H C W I Y I T D C R E L L A
J R N L M H G H T S G P Q E H R V F G
O M A N Y Y F L Q U T B A K M L K S Z
R U J L G O W T C F M F E K R U L V L
J B A K W B G G F H Y T G G D O T Q F
Z R L H X W X A V E Y R F E Y E C D O
Q N T Y C C Y S Y N Q E E N D Z W C S
M E I W H J K F F L R N T B A U F T H
X D C I Q I Q F U G D I W M E S L X M
H R X J D F U M U Z W E K C N I M D Z
Q B T O H G Z D U X D N Z N I N L W I
V R X C Z G C B E N H N C S D T A O D
```

Lösung 11

P B X P C Y L I Z N C P P T T E U O B
B J J C N L L Q L P X P I Z Z H S C M
Y W M K P F G R O E S S T E L D J V L
Y D R E I B L E I B E N V Q B A M X V
O Z P C J U F F E K M R T G J R H A Z
T X N F G L A G A R M S E Z U Y F D Q
W M Z D S X C C O B V M K N A C C X G
X J Y R L T R S M U S R D T U I I M A
T Q B S R V O Q M W P W V X T A I N R
X L F J E Y L P P Z H M Z Y I B R W O
E M A B E R H K Z X Q T U U P Y Q Y I
A N F D Z H S V X D V E F Q H W I S J
W O I E G O C M I I Y U I X G H Z C T
W X I E J W Q A N U N U I J N T K L H
Z Z V A J L P U M X W X L I U D N X I
W O R K M I F V W M X Q C V N B L D L
A E M Z Q E I L S W R V X K F M I R N
K M W U N B N Y Z W G W S H F I E U R
N R E B A E X M D Z G Z N X O G B N R
I R H O N R Q M A K S N N N H C E T V
T J S H M P K H E S E I D Z R C C E I
U N I T S B S X C M D D K P T F T R W
S L S L B Q E I D E A I G L A U B E I
R I B L N O E K W B F P E F H A F D C

Lösung 12

Q Z V M K J C W C Z P A T V B D H M O
M J H O C N D Z K R G S F C M P A L C
D Q R T J T E O Z G Z L Y G T T W D U
U E H L E W G Q D I N G E D F N V V M
E X T T S D J E O L Y Z H H L Q K Z N
D W M H U L X M L J M W M D U Q N U O
N C U S S U X X H O H H Q G V R R N H
W H M Z W G N P E A O C G S V E W I D
I X C S O S A G S T W C M Q T D X Y W
A X B D A G L H Y R O W L A I T S B S
C F R U C I N N O P X Q Z O Z P L F U
K M L L C I N K R Y U D A C R M E D F
R U S H K E W Z O L M D F A R D N I S
K J D N W N L D G B S I C I C S S N C
Y F C T U H Y F G D E H Z H V A F Y P
T Y O D T F F Q J F N X P G E V T Q H
I S I A K S P M K X J I T Q L J N I B
A B L P G Y N J H Z K A P T E M Q R V
A U W Z I D Q N L I T E F B L F K U H
C O A K P X N G A I V W K U L P R X V
Q G Q D Y Q D E O K M P T A A E D I R
T C S C P M N R S R J B P L R B J E K
L K M I L B K W H J F D S G J O B H F
O K E Z I M D U F D B N P O Y A B N V

Lösung 13

M P T Q F H O G F Y T R P L S R R N K
R M G S D G E V E V J G Q R L D Z R E
H W E X I P E R C C G X C Z S Q E Q I
K S W X C R R M Z E C A H L S D E T R
L A S Y G D L U S L N Z N E N V L A L
N W A E X Q I K W R I U I A Q M C H M
G L B M V C F W I W A C N H I T E H H
H E H T H D B X G B V I H B F S J A L
N U R T S R E N I E E E Y N Z N R S S
X L X V Y H Z V D R Z J W I E A Z X J
L Q A M O I Z N E G H U D M V N Y U X
Z A G E H R Z T O I Y C I E J P T I J
A U N D F S N T M X P D R G P N Y Q S
C J C N W U T A V S T G P A Y V Z Y A
C S E I D G J R N H E D X G O E A C Z
Z L Y V K D E M C B E F I I P U A U P
K Z A M R B D U T Z G W Z Z S C X C G
A E E N A A A N C S U T S I R H C U G
M K K W H U P A E Y S U I D L I X M H
Y V E U T J N X A L V N K K B O Y H S
E C A D M D Y Q J S A D Y C U K X C W
W N K H E J V V B Q A I J X Q H K W X
N M O R O G D A N A H M A G U Z X W V
B K N B T E D F R E U N D L I C H H U

Lösung 14

O L X L K X E B D K T W O T R B C S O
K I T F L E H E M O O O I E C K H I M
S B C E R R R B T E E E D I W Q X K C
Q U B R T Q U B K G K U U D Q W K C W
O E E J U P N N I G A L C N C L O T B
N N F O Z W D M I R E J O K M H O N Y
O F H U L J O T A W S R H L Q V S T W
Z N I G Q A H X Q F F G H C D W E S L
C Q W O N C T O I Z X E U E A F Z L Q
A Z M Q E Z R Z D T L R F N C N B O I
A M S R P U M Y P C N E P N D Z Y E S
E W E V V D H P J Y E C T I I W Q B W
O G Q O P R T O O Z G H F E S Y E O X
G J M N A P E T L A D T N S D T V O T
X Z O K B S N A P U F I V G E N S I D
Q U G G M F F R K M J G P U H I I S L
B E R H W B E G P P Y K G I D X G F V
V F I V H W H T K W K E Z P D H Y J P
R Y C E D R U L D V S I S F V I S E Z
M T M R Q M Y W Q D Y T C J I V L S C
N N M S C J F I E C C Q H Z Y J U W N
O Z C F X A L R X D E P U Z Q W A K H
S X M S A N S K W J U A S L S F E Z R
R K B Z Q H N H U U C I O X Z N K Q D

Lösung 15

D Z O R E R A B S S A F N U U X A Q T
S H N K P N B T K A P M J G J T I H F
I C F E C E N O V L O I R S S F K G E
D I A S N W I F D N A O V B Y U E P E
U M L N R E C N K R S W G L N B D H H
R M L Q T U D F P S M W E D L M O I U
S P I K O W F N E H T L T A F J D S R
P B W X P B O E S V Z U B J E X L E X
S N N V X W M R V R N D T K C E G D A
F E E P J Q H T T V D B A G L N K Y N
N S M O J U T X U E E H A V I V M E H
U D G V S X B W Z Q N P G D D G U Z D
Q A M F O D D Z T C H T P F B E T X Z
G Q D N U U E B R R B S M M W J X R S
Z W M T L I H C I N O N Z O D G E K A
W E O K P U W Q F D M C C W W G N A F
Q C B E X P E I C T C S R S H T W B O
P W O C Q A I A D L L J C N R Q S Y Y
X I Y V E W S C V L O Y Z D C T Y D O
D H H I G F S Z I C Q Q H G H W W N A
H E F R E T T W V A T W F C F U M U O
T P E I O Z Y C Q M L Y I P Z U F L X
A Y T D F B I B E J Y N J W D B F F N
R W Q G X M O F U L L X N Q L R I D H

Lösung 16

X U W Y L R V Q T R C G Z E P T O I F
G A I O J D N G H K A W E W K Z D N U
J L H R V K C Q V W D R M S E L B S T
G W Z O G T V U J J O P W G P Y Y S O
O J M L E C F J M Y S E P I S O Y K U
Y O Q Z L R P A F B E T R U E G T Q U
I S A U M F E B C T I K N Z Y I A R A
Y Z T C Q W L R C L A N K W L G P O S
Q M P R V T J J R W O R T S W T Y M G
Z Z I E C G N Q W Z U W H A F X Y J Z
P P Z B S A X Y D K B J A A C D R O Y
W S S A E E P T A M F W Q L S V T K N
O M K B L K F O S N D Y F F V Z A M Y
G T I S O N S T B T A G D N W O M R U
K H X P O M Q X U Y W R U I H S E I D
O B L V W B C F L T H I F J Y M O B X
O I Y D T Q R X A A V A N R I Y H D L
X V L J F D E E O S W N I E U C D A Z
B E O R C Q T A K O B Y E Z U S R Y U
V B Q T M E J J Z N F D L E O G U O Y
G Y J R R G B N G U O W L X C H N A F
F I G U J B J R B W Q K A V R A R Y V
W M W T H C I N N P D E S J X J H A M
U I Z J T D Z C N G D I X A C P I I A

Lösung 17

J E U F O O S U Z O H I K D E K T I C
H L C S T X V K D B N C Y E B S G N K
P K O G T Z W R W G Q D F W A W J C C
R L V J U H I T E A M R Z H Q T K J W
C Q J O X W R M P N O K R L P M M C E
O O B C N S U E E W O W H K A Y O E G
U G C F R W K P E A C Q I N Z E R H Y
N S D M A U C H W E B Y N F U L S S F
K J Z V A N S E Z A T Z U K N F K S D
A A L T Y D R S A N H C R N D A S Z T
U T B D W P Q C Y G C J F F D D J O O
C Q Q L Y E J R F I I O N P K U V F K
G A A O W I Y R N E N I E S W M J Q H
F B O C D V G Q H L L N E C T Y X O A
R N E N I E D E V A F J A G K N N Z N
X N S I T W E A W D G G U F O I V I L
M F N Q E T J J V O N C J R F L P A R
V J E J B V A T G O E Y N K E K X V E
Q O B E H E V L G S N H Z Z J C Y H L
Z F A T P W P P T S W P N A K J L M I
R W N O N D K E S P Q M G E Q C N S R
H L K J J N E E Z U O W L F Y N B I F
K K S L T D E N M F P P C B A F S L G
J A O S L C K W C Y E F K P X J Q U U

Lösung 18

B C Q G Z X T T X D M L I W T F Z R O
C I I K S K I T Y Y N N T A O Q O S T
L Y H C T F D O M M P E F U N R B K F
F I R B W F N S V E Z J C O V G Z J C
S X O K D A C B F R N G Q Z F S S C L
T B A E J I L W N I S S V P S T X Z X
V B I B G R B K O H C M C T X B S S Q
T D E I I M M L N V Q S U H H D E N N
G G R G J F J A P E V F B Z E R I R K
P C R S R R Q A O R N N V X E N G E W
E G F X M E U N Q F L O J F Z Z W H F
K W Z K Z Z V W B E K I Y T E Z E C B
F B G Y G W A B N H H M N K E A N S U
C I T O C C I V W L E X Z C R X N I H
Z Z E I D P J R G U H X X D H M Y L G
N Y N J L S W B D N U T L H I H S M N
Z P I M R B N E D G N J I B I N T M A
R G R C C U L J E E N V R L E Z K I N
N Z Z A U Y P E H N R E E B P W A H R
O A M I U Z M D F N T U E F G V D T P
S E I A E C C H E A E G S C A L E S T
Y T L Y N U H V V R R V I F H O G M F
N A I A W L C D Y E D Z K Q Z V L C H
I Z O O Y G B H V B N S O Z W H S J D

Lösung 19

B D R K B L X O A U M H G C F R Q L I
Q I D I E P Y T N A T Y B S R K S F B
X E V R L M W B V V M V R Z U B Q R Q
D S T D C W A C X U M T Y P C K S I G
O S P G X Z R S E W S N C E H Z G E R
I K O L S S R G S I N E I E T Z I D D
F Z B R N A P E E O N F D W N S T E P
C R F N W N J G R W I K D R T X G G L
E M A W N F L E N N E Y L E E N C B R
A B S B C T A N B I V R S T R W D D C
N K E Q D M N Q N A S M R F E W J H Q
E C Q I X U Z N O A B W V R B G Y C O
D Q Y M L T F D A L L T I E Z E I R U
U D T T B R E B W M P I T U P D X F Y
E D W X C E D W R O R E N N F U P K W
R E L B A B E R H S K H R D Y L N U I
F S U T O P D S S Q P H X L O D E W H
Z N L C A Z U B T E S C T I O L T N B
Q M L P T R Y S E F G S C C G O F A X
I H I E T M Q L H T X U P H G Y F I P
H V S S J I D H T R M E Z K Z N B C T
J E G U E T E O W E P K P E R N W K S
G U T S Z P Y Y X U D T W I P O X Q X
S D J Z A J P I R E R F F T L P N R D

Lösung 20

G X A M E X P H Y Y A X B U O J E B J
L J V Z W M P N M O V M N Z H N E H Q
H F N M D Q W P Z E X E X F S S E M K
A F R O J Z K Y U E N B J E T N I L R
F E E Q Z Q E C X I Z T L W L T W Y S
M M D M W R H J U Q R X R K M Q Z B S
R J N A I G T U R O V H P F J G R V Z
X E A Y Q A N G E I I Z U T R K Y A R
V R J F I D F S S L D N H E R R U R R
E D Z D C T T E Z Y T Y P E P M C U A
Q V M H R E D M C E C A M G E Y L E O
N F T U T M R P R B S B X S B L H S P
P O R K R K O E U M I S K V U S G J V
A U E H J A I T L F C J R Q Q O X N O
S A N K J N D S N A A B Y U M Q H W U
N V I Z A M A O O J C J K T R B L D F
W Q E N B G U E O B L U F H L P K O G
Z C D B U V D Y S O K G O Y P Z M W Y
P E D H D Q E X P N D W B I Y E M W L
R G I I I H Z V E W M O S M T R A B V
J R E Y F L Z O V H M B V T D B D G N
X J X A Z B F C Y U O Q P U Z A U D A
X E K N D J O A H N G W P T S U D E Q
R P Q N I A U C H T V B E D R E V N T

Lösung 21

Z F X H W E L T L R U R E H E O H X A
O E V K N V Q H N D E M U T A D I N A
U H U X O K R C Z Q D M Q X A E T N T
P J Q G T J D I L K U H V W M U D S S
X E U H T X L S H R W Q E R U E J O B
W I R S J V H H L C D T V O R I Z N L
J T Q U V P T V K I M E V N F Q M D E
S L B T B G L N P W B F S N E L G E S
L E U P J L A J Q D W P Z D E O L R I
Z R S P X U Z T U N N E G I E L A N E
E L C P E G R J O W B Z Q D N L L Y C
H R Z N R Q Q A N J G N J V A A Z I A
Z H X Z E J A X G T S D C I R V O E W
D S N S H Y M Z Z J S I B E N G E V Q
Z H V D R L A X Z N A M N E C C T K Y
U C H S E B V E C L T I D V I A D T B
T G Y J Z G D B S Q E U D J C L P S B
H Q H W F R J C G U J N T H K V F L Q
R F S T C N A U S H I N T T M C E V M
T L V T M C I S Y V F E W I J H A O J
Q Y L Q O E D C G X H V I Q P N X K S
Z N R Y Z U F N H K C K Q N K R X I C
I X K D S A X C M T T W X M H A Y E L
W V O Z W C M T Y I S W Q U O D E R X

Lösung 22

V U I Z I L L I A L E G W Y B B Y L P
S P V S U B Z Q V S V A G B U Q Z H Q
E P S P P Q F W Z J S O V B V P I K Z
B B T I C W L Z C S K F S U M L S U E
L X Z E B I O U E N R S I C H P C Z R
Z L W G F E P R O D B H U I V K X I W
X H M E J N E T G W U D O B F Z O S A
O L W L H F A N V J M S O U B Q T I X
R P M T L O L P U L Q T Y Z Y B R A U
B X S U Y A T Z L Z M R D S S R B J N
A G V M W J S B J J M S F H A E H V Z
S O U D G S D U I G N P X G X R N G U
T W I K Q C A R H H W X Z F T X I H Q
H T M A R I T D O N I Q J Z U O C X R
C Z T B G W M G M N I E C F G R S Q R
I T Z F H K I H K G E E D R I J W Q E
S W W B E E O M U Q T G U R H X D Z P
E K Q V L H R M E N S C H B B T Y E S
G B Y L S K C Z F Y I T C B N Q X C U
N B K A F I O Y E K E G S F U A X D J
A M W Y N H K W H N S R A K Z N I E U
C Z P S E D W K X U N J T F Q M X U C
G I W B D X S A Q X H D M G M U A S R
A N D E R N Y S M B P K M L S J H C E

Lösung 23

X V W E H M L E R A T C E P T I N B P
I J D E I H T B V P Z X Z K C Y J K J
I T R Z C E E I R P F C A R F W I E J
T R Z D T L I T D T P W Q U E H U N K
Q U O Z Y F X T N R I D B I W D V C M
D E J Z K E H H A K A M Q M K F J V H
M R Q L M K Z A H B P H T L K A L Z K
Q U V P J V T N Q Z U W F X L Z H N G
I G X Y C T G L D M G O L Q U E L N O
H V D F T I O S U U D T R R V A T E T
C B M Z U I I N N Z U E T H C E R D T
I M E Q N X D L D G I P F U R S N H U
U G H V D E A Q N F A T R J Z T C G V
W S A P E S S R V P V J J H M I M Z E
C T Q T R M Q L A E S U Z B R X S D N
I K J D V Q I F T N B D E P X L Q I A
D P W I D Q P H W T S W S U E U P R Q
G N R C X D C D H P P U T G L S H Y U
V D T H I R E C E E I J N J V U Q C M
I N P A E W I P E I M Q T L S V Q E I
L E U U J N R A W N N M W S K J N F W
G C F O R H L B E Z I E U D S I O B K
Z L J H B W J G S E B B O P E A Y O K
Y S F Q G R I N A L E H U D P C F H R

Lösung 24

E U C J G L X F H A Y F Y S F W J V X
E O V L G I M T B Y B T A Q I B N H B
P G N G L L D V D C V E K P V A M T D
V X R F G O A L I C W Q R F Y B W R W
W Z D Y K L Q K U Q D A F W E I S E A
S X P V W Y U A I D X U E F H U L U H
N M I H T N M H N U E R U F W R I X V
K S K Z O J G U A Z B G H B D M E S T
T F G V R K Z P W I S T N E U I C W T
H T D M H P X I I X S D V U W H G Q S
Z R Q N E E W U B K E L E O N V L R F
A A P N I P K K C R Y W V G E T T P S
X B O G T Z G Y H I Q O O N N V U I K
X N I S I E E B X U K X I B U M J S Y
B E J D S G F G Z G T E B X K S P O W
E F P G Q P E C K V S G V S X F U O E
G F A F N D F X G B C Q R C N P G K T
W O L W U O Q J E M F Q W R L H F D D
P Q A L C W B L D Y A Y L Z A P R B U
Y K D E S A Y J L R Q R N L R Z X E T
M I I V F P Y U X D Z K G E W Z W P C
G J H G S D J D C D H K P O N R Q M L
R E K Z X Z T C B Y G Z F G I H E D X
H F M U B M Y I B I L O T Z S D E W K

Lösung 25

P I Y Y G S D E O H G D W B J H L E O
V G I Y I D T Z W A U H K L N H J B K
O J V F P P Z B J E H G O T T B C E R
G N H A T U Y N C Y R D N U V J N M A
A Q W L N G H O V Q C A T V S F C Y F
S K T S G R D V X G C V P P U R S N T
V Q I I A E H Z C E Y Y Y R E N A L S
H S S S E D L I R Y W D C D C C P E F
R M X G Y H C L R T Z H F Z Q I X U N
D E N N V F N T R H T O C O B H O N F
D M P Z B J V E W C U V K S L G Z Z A
K F I F R N W M N I E G K L I S R M Z
D W U E W T F M Z N B Q F B O Z Y I E
P L D B X I U W H Y O L E G G U E N W
J P O Q R E D H B K Q S R S N E B L M
D K H Q C G H D I T K L E I P T E U R
D L Q S N M N C D L O A P B M S I N P
T Q S G X H D M F Q Q S G Q X Q L I C
T G R S I W B T C C S E Y G S Z G S C
X N R E D N O S J E I N E B E G E G L
U E N W F Y H D F S U J L A K J D E N
N H E T I A O G T K N P K D V V Y U P
N I G E S Y R I Y S H T X Q N U U U S
W B R G H G D O Z N L L O A C U G H M

Lösung 26

Q C D I T I N E L F T G J Y A Y V W P
R R H V R G A T O E L B H V W T C Q I
W G O J Z Y U I K F R V Z D H C T Z R
O Z U T N V W J Q R Z K R C E D B X Y
C Y E V Z I C Q E A K P I R U F M E F
X T F Q X V N N E W F N N S N N R I W
D B S D X R F I Z H J T X Y E A D G Y
I B K S F X U U Y E E I R Y S Z Q T T
F T Q E A Z Y U U N D I W A S I U E M
S L V Z E L N S K Q S E O P A N Y M Q
Y J T I L A E E V B P D U P L K J R R
G Z T J R C Z S J Y Y U H M H R V M T
S C R Y V Z F W T K A G O P C R R M X
J F D V I L F X C B G I L P A O A N A
N C G Y X Y B C P S N U Q E N B F Y W
M L I M J W E R D E N N E Z E R D N H
B W H M J F T N X D S A Q R L F N J Z
I N P U P C Q A A U C H L R P E W U R
F E M I H P E K G G E G S E D N L K O
L D X K D G Z A W X U T N N Q C O O F
Z R P D M R Z A E T Q U I I D C P J U
T E C G M O I H E F A F C E T K N V L
G W M J F L N S R W I R H S J U S L L
Q M V K T U K K L I D B T U N X N T W

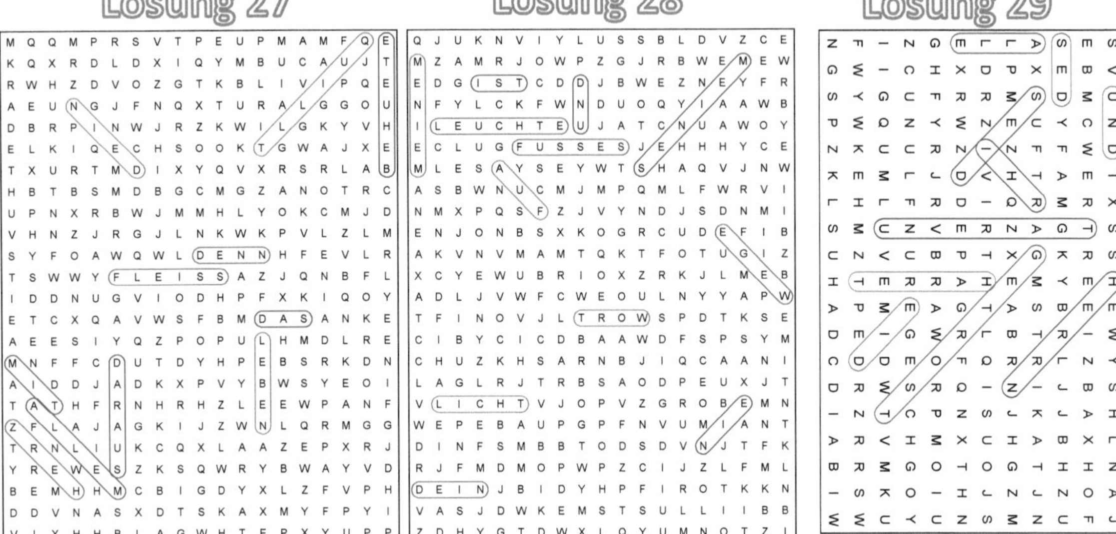

Lösung 27
Lösung 28
Lösung 29